Walter von Lucadou mit Peter Wagner

DIE GEISTER, DIE MICH RIEFEN

Walter von Lucadou mit Peter Wagner

DIE GEISTER, DIE MICH RIEFEN

Deutschlands bekanntester Spukforscher erzählt

Lübbe Paperback

Alle zitierten Fälle stammen aus Briefen oder E-Mails an die Parapsychologische Beratungsstelle in Freiburg. Sie sind anonymisiert und zum Zwecke der Lesbarkeit und der Nachvollziehbarkeit teilweise gekürzt und bearbeitet. Die Dialogsequenzen sind zum Teil aus der Erinnerung aufgezeichnet oder nachgestellt und in die Erzählung eingepasst, um dem Leser ein Gefühl für den Ablauf der streng vertraulichen Beratungen zu geben. Jedoch beruhen alle Abläufe, Inhalte und Dialoge auf echten Fällen. Das Buch ist zwar teilweise autobiografisch, aber nur soweit es meine Beschäftigung mit der Parapsychologie und meinen beruflichen Hintergrund betrifft; über mein privates Leben, meine Familie und meine Freunde wird nur am Rande berichtet.

Dieser Titel ist auch als E-Book erschienen.

Lübbe Paperback in der Bastei Lübbe GmbH & Co. KG

Originalausgabe

Textredaktion: Monika Hofko, Scripta Literaturagentur, München
Umschlaggestaltung: Pauline Schimmelpenninck, Büro für Gestaltung, Berlin
Umschlagmotiv: © missleehavier.de
Satz: Dörlemann Satz, Lemförde
Gesetzt aus der DTL Documenta
Druck und Einband: GGP Media GmbH, Pößneck

Printed in Germany
ISBN 978-3-7857-6073-4

5 4 3 2 1

Sie finden uns im Internet unter: www.luebbe.de
Bitte beachten Sie auch: www.lesejury.de

Inhalt

Vorwort

Seit mehr als vierzig Jahren beschäftige ich mich mit Parapsychologie. Immer schon interessierte mich die Frage, ob es paranormale Phänomene tatsächlich gibt oder nicht. Wer jedoch dabei an unbekannte Flugobjekte oder an Astrologie denkt, liegt nicht ganz richtig. Die Parapsychologie ist die Wissenschaft von den außergewöhnlichen Erfahrungen, die ein Mensch haben kann. Sie beschäftigt sich hin und wieder auch mit Ufos; viel intensiver aber widmet sie sich zum Beispiel der Frage, ob Menschen allein mittels ihres Geistes Informationen und Gedanken übertragen oder erlangen können, ob der Mensch also telepathisch begabt ist.

Die Parapsychologie erforscht unter anderem das Phänomen, dass Menschen offenbar Ereignisse vorherträumen können. Man spricht dann von Präkognition. Parapsychologen versuchen auch zu ergründen, ob der Mensch wirklich hellsehen kann, ob er also Informationen über objektive Sachverhalte bekommen kann, ohne diese mittels normaler Sinneswahrnehmung zu erfahren. Und sie erforschen das erlebte Erscheinen von Verstorbenen oder von Geistern.

Ich persönlich finde das ziemlich verbreitete paranormale Phänomen am spannendsten: den Spuk beziehungsweise die Psychokinese. Ist der Geist in der Lage, Einfluss auf physikalische Prozesse zu nehmen?

Menschen erleben solche Phänomene in Grenzsituationen. Diese geschehen im Randbereich unserer Wahrnehmung. Ich will nichts anderes als diese verstehen. Wo kommen sie her? Wie funktionieren sie? Wofür sind sie da? Wie kann ich den Menschen helfen, die Paranormales erleben?

Vor mehr als zwanzig Jahren habe ich in Freiburg im Breisgau die Parapsychologische Beratungsstelle ins Leben gerufen. Viele Tausend Menschen haben sich seitdem bei mir gemeldet.

Für mich ist es tatsächlich Alltag, wenn das Telefon läutet und eine Frau mir von fremdartigen Schriftzeichen an der Wand in ihrer Wohnung berichtet, die nicht von ihr selbst und – weil nur sie den Schlüssel zur Wohnung hat – auch von niemand anderem stammen können.

Ich wundere mich nicht, wenn ein Mann am Telefon sagt, dass der Fluch seiner Exfrau sein Leben verändert habe. Auch wenn eine Frau mir berichtet, dass fremde Männer durch ihre Wohnung spaziert seien, um dann in der Wand zu verschwinden, gruselt es mich nicht.

Die Menschen, die sich bei mir melden, sind im Allgemeinen nicht verrückt. Sie müssen vielmehr ernst genommen werden. Immer noch gilt es in Deutschland und auch in vielen anderen westeuropäischen Ländern als Tabu, über außersinnliche Wahrnehmungen, über seltsame Erscheinungen oder Erlebnisse zu reden. Weil man die meisten paranormalen Phänomene nicht so leicht erklären kann, scheuen sich die Menschen, anderen davon zu erzählen. Gesunde, kluge erwachsene Menschen erleben jeden Tag Dinge, die sie sich ihr Leben lang nicht vorstellen konnten. Wenn sie dann ihrem Nachbarn davon erzählen, werden sie sehr wahrscheinlich sehr schnell für sehr verrückt gehalten. Manche werden von unvorsichtigen Ärzten in die Psychiatrie überwiesen. Genau das will ich verhindern. Für viele Menschen bin ich so etwas wie die letzte Rettung.

Wer wegen seiner seltsamen Erlebnisse nicht mehr weiterweiß, wer niemanden hat, dem er sich anvertrauen kann, der wendet sich an mich. Ich habe nicht für alle Phänomene eine Erklärung. Ich bin nicht allwissend und ich habe schon gar keinen Kontakt zum Jenseits oder zu Geistern oder zu geheimen Mächten. Ich habe Physik und Psychologie studiert und in beiden Fächern promoviert. Ich bin nur ein ganz normaler Wissenschaftler. Aber im Lauf der vergangenen vier Jahrzehnte habe ich von mehr als 50 000 Menschen nicht nur im deutschsprachigen Raum Geschichten erzählt bekommen oder gelesen, die sich auf den ersten Blick unglaublich anhören.

Bei manchen Vorkommnissen, von denen man mir berichtet, kenne ich vielleicht nur den Ansatz zu einer Erklärung. In einigen Fällen muss ich passen und den Menschen sagen, dass ich auch nicht weiterweiß.

Aber so enttäuschend das auch klingen mag: Die meisten Menschen sind froh, dass es da noch jemanden gibt, der sie nicht insgeheim als Spinner abtut. Mich wundert nichts mehr. Ich halte sehr viel für möglich, und allein diese Tatsache beruhigt die Anrufer. Außerdem gehen wir auch im täglichen Leben mit Dingen um, die wir nur teilweise verstehen. Wissen Sie zum Beispiel, wie Ihr Computer oder das Fernsehgerät funktioniert? Wenn Sie nicht weiterwissen, fragen Sie den Fachmann, und ein solcher Fachmann für das Paranormale bin ich.

Vielleicht ist es hilfreich, gleich zu Beginn einem Missverständnis vorzubeugen. Ich bin kein »Geisterjäger«. Mir ist bewusst, dass sich in jüngerer Zeit immer mehr Menschen in Gruppen zusammenfinden, um gemeinsam ungewöhnlichen Phänomenen oder Geistern nachzuspüren. Geisterjäger haben Konjunktur, wenngleich die *Ghostbusters*-Filme schon vor etlichen Jahren im Kino liefen. Niemandem sei sein Hobby verwehrt, aber es ist verhältnismäßig unwahrscheinlich, dass man mit Videokameras, Mikrofonen oder Infrarotfallen Zeuge paranormaler Begebenheiten wird. Das sagt mir die Erfahrung.

Als junger Wissenschaftler habe ich oft meinen Psychologieprofessor Hans Bender in Freiburg – er war damals einer der bekanntesten Forscher in den Grenzgebieten der Psychologie – bei Ortsbegehungen begleitet. Die Menschen haben bei unseren Besuchen ihre Erlebnisse erzählt und das Geschehene noch einmal nachgestellt. Nach mehreren solcher Ortsbegehungen war mir klar, dass der Augenschein bei der Erkundung der Phänomene sicher interessant ist, dass er aber nicht wirklich hilft, wenn man die Hintergründe der Phänomene verstehen will.

Von einigen der Fälle, die ich selbst untersucht habe, will ich in diesem Buch berichten. Aber spätestens mit der Gründung der Parapsychologischen Beratungsstelle in Freiburg blieb mir immer weniger Zeit für eine persönliche Ortsbegehung. Die Beratung spielt sich vor allem am Telefon und per Mail ab. So kommt es, dass mir ein großer Teil der Fälle, die in diesem Buch erwähnt werden, im Gespräch, in Briefen oder in E-Mails berichtet wurde. Deshalb sind diese Fälle nicht weniger interessant und nicht weniger echt. Aus eigener Erfahrung und aus der Lektüre von Zigtausend weiteren, auch von anderen Wissenschaftlern dokumentierten Fällen weiß ich, dass sich die außergewöhnlichen Wahrnehmungen kategorisieren lassen. Die meisten folgen einem bestimmten Muster. Die »Dramaturgie« – wenn man den Verlauf der Erlebnisse so nennen will – wiederholt sich. Deshalb fahre ich nur noch selten zu Spukfällen. Ich erfahre dort für gewöhnlich nichts Neues, und meistens habe ich einfach nicht die Zeit und das Geld für die nötigen Reisen.

Das heißt aber nicht, dass mein Interesse im Lauf der Zeit nachgelassen hätte. Bei jedem Läuten des Telefons in meinem Büro in der Hildastraße in Freiburg bin ich gespannt, was ich diesmal erfahren werde. Ich gehe so unvoreingenommen an den Apparat wie nur möglich. Das ist eine Prämisse, die in meinem Leben immer wieder hilfreich war. Nur wer versucht, der Welt vollkommen offen gegenüberzutreten, hat eine Chance, sie wenigstens ein bisschen zu begreifen.

Wenn das Telefon läutet, versuche ich, alles, was ich an Theorien und Kategorien und Wissen über die paranormalen Phänomene habe, beiseitezulassen. Diese Methode wurde in Freiburg von dem Philosophen Edmund Husserl entwickelt und wird als »phänomenologische Methode« bezeichnet. Ich versuche, mir nur das geschilderte Phänomen anzuhören. Das ist nicht leicht, das muss ich zugeben. Die meisten Begebenheiten folgen allerdings bekannten Mustern; viele paranormale Phänomene sind gut dokumentiert. Aber in der Beratung kommt es nicht allein auf eine schnelle Erklärung an. Die Menschen, die sich bei mir melden, brauchen Hilfe. Sie erleben Dinge, mit denen sie nirgendwo anders ernst genommen werden. »Halten Sie mich nicht für verrückt«, sagen viele. Und ich antworte: »Keine Sorge, ich halte Sie nicht für verrückt.«

Weil ich weiß, dass wir nicht alles wissen.

Schließlich ist noch eine Bemerkung vonnöten zum Ziel dieses Buches: Leider wird in unserer Gesellschaft nicht neutral und sachlich über parapsychologische Phänomene und Sachverhalte gesprochen. Man ist meist entweder »dafür« oder »dagegen«, man ist »Gläubiger« oder »Skeptiker«. Ich bin weder das eine noch das andere – ich bin kritisch.

Leider machen mir eine Reihe selbst ernannter »Skeptiker« in der Öffentlichkeit das Leben schwer. Natürlich bezeichnen sie mich als »Gläubigen«, oder ich werde als »tragischer Beglaubiger« geschmäht, und sie unterstellen mir Aussagen, die ich so nicht gemacht habe oder die aus dem Zusammenhang gerissen wurden. Meine Richtigstellungen werden nicht zur Kenntnis genommen und oft auch unterschlagen.[1]

Für diese Menschen wurde dieses Buch nicht geschrieben. Obwohl es ein erzählerisch angelegtes Sachbuch ist, stellt es keine wissenschaftliche Abhandlung dar, in der ich mich nach allen Seiten absichern muss, um den Einwänden meiner Gegner zuvorzukommen. Und doch ist alles, was ich berichte, wissenschaftlich sorgfältig geprüft. Zu allen Teilen kann ich meinen Kritikern jederzeit Rede und Antwort stehen. Notwendige weiterführende Literaturhinweise und Referenzen finden sich in den Anmerkungen.

Das Buch soll einen Einblick in ein »Lebenswerk« geben. Stellen Sie sich einfach vor, ich sei an einem schönen Sonntagnachmittag bei Ihnen zu Besuch und erzähle Ihnen, was ich den ganzen Tag tue.

1. Kapitel:

Beratungsalltag, und gleich spukt's

Der Sommer neigt sich dem Ende zu, als ich an diesem Montagmorgen mein Büro in der Parapsychologischen Beratungsstelle in der Hildastraße in Freiburg betrete. Die ersten Laubbäume verlieren ihre Blätter. Es ist halb neun, ich bin der Erste im Haus. Meine Mitarbeiterin Franziska Wald – sie ist Psychologin[2] und meine Stellvertreterin – hat die Post aus den vergangenen zwei Wochen gesammelt; die Briefe stapeln sich auf meinem Schreibtisch. Daneben blinkt der Anrufbeantworter fast schon vorwurfsvoll.

Ich atme tief durch. Immer wenn ich im Urlaub war, plagt mich ein schlechtes Gewissen. Ich bin einer der wenigen aktiven professionellen Parapsychologen in Deutschland. Für viele bin ich so etwas wie ein Not-Anker. Wer nicht mehr weiß, wem er von seinen unglaublichen Erlebnissen berichten soll, der wendet sich an mich. An wen soll man sich wenden, wenn hier niemand ans Telefon geht? Wer nimmt die Menschen ernst, die von Unglaublichem berichten? Und was heißt eigentlich »ernst nehmen«?

Aber davon später.

Ich gehe in die Küche und setze Wasser auf, gehe zurück ins Büro, öffne ein Fenster, fahre den PC hoch und öffne unterdessen den ersten Brief. In der Küche kocht bald das Wasser, aber schon die ersten Zeilen nehmen mich gefangen:

Sehr geehrter Herr von Lucadou,

wir leben seit zwei Jahren in einem alten Stallgebäude, welches in ein Wohnhaus umgebaut wurde. Unsere kleine Tochter ist jetzt drei Jahre alt.

Anfangs empfanden wir das Haus als gemütlich und sonnig. Wir haben uns einigermaßen wohlgefühlt, jedoch nahmen die nächtlichen Schreiattacken unserer Tochter zu. Sie hatte ein eigenes Zimmer, stand nachts auf ihren wackeligen Beinen und schlug um sich. Vier Monate nach unserem Einzug kam es für mich und meinen Mann zu einem furchterregenden Ereignis, welches ich bis heute nicht vergessen kann. Wir schliefen tief und fest. Es muss circa halb zwei Uhr nachts gewesen sein, als mir eine tiefe Männerstimme laut ins Ohr schrie. Es waren nur zwei Buchstaben: »HE!!!«

Ich bekam einen solchen Schrecken, dass ich auch heute noch nur mit der Decke über dem Kopf einschlafen kann. Seit diesem Ereignis häuften sich kuriose Dinge, die ich nun nur aufzähle, ohne sie weiter zu kommentieren:

Einmal, während wir zu dritt frühstückten, sah ich, wie ein alter Mann durch den Flur an unserem Tisch vorbeilief und in der Wand verschwand.

Eine Zeit lang ging das batteriebetriebene Spielzeug unserer Tochter nachts und auch bei Tag immer wieder an.

Drei Monate nachdem die fremde Stimme mir so laut ins Ohr geschrien hatte, passierte meinem Mann dasselbe. Allerdings war es da erst 22 Uhr. Er war vor mir schlafen gegangen und wartete bei eingeschaltetem Licht auf mich.

Im Herbst vergangenen Jahres lief schnellen Schrittes ein klar und deutlich zu sehender junger Mann vor mir durch die Räume und verschwand im Kinderzimmer. Er war von sehr kräftiger Gestalt und trug einen Blaumann, darunter einen Wollpullover, auf dem Kopf eine Mütze.

Den beschriebenen jungen Mann hat mein Mann schon

häufiger als nicht klar zu erkennende Gestalt auf meiner Bettseite liegen sehen.

Als unsere Tochter zu reden anfing, sagte sie immer: »Da ist ein junger Mann.« Oder sie erzählte von ihrem längst verstorbenen Opa, ohne dass wir ihr überhaupt zuvor von ihm erzählt hätten.

Ich habe in unserem Haus mehrmals, auch bei Tag, um die Mittagszeit, Frauenstimmen wahrgenommen. Ich habe sie auch nachts deutlich gehört. Wenn ich von dem wirren, aber klaren Gerede aufwachte, sagten die Stimmen: »Pssst, sie wacht auf.«

Um die Weihnachtszeit habe ich des Öfteren in der großen Wohnstube neben dem Weihnachtsbaum auf der Couch geschlafen. Einmal wurde ich wach. Neben mir auf der anderen Couch saß ein Mann. Es war eine sympathische Erscheinung. Aber ich hatte das Gefühl, er belächelte mich, weil ich so Angst hatte. Ich schlief wieder ein.

Die Lichter werden bei uns mit Vorliebe manchmal ein- und ausgeschaltet, ohne dass wir etwas dazutun. Türen, die vorher geöffnet waren, sind plötzlich verschlossen.

Mein Mann sah eine große, stämmige Gestalt hinter unserer Tochter laufen. Mir wurde unbehaglich, als unsere Maus sich dann auch noch umdrehte und sagte: »Da ist einer bei mich, Mama.«

Ich erzählte unserer Vermieterin von den Vorfällen, weil ich mir erhoffte, zu erfahren, ob Vormieter auch solche Erlebnisse hatten. Sie war sichtlich schockiert und meinte, in dem Haus hätten jahrelang dieselben Leute gewohnt, und die seien auch nur ausgezogen, weil sie selbst bauen wollten.

Ich möchte nicht unerwähnt lassen, dass die älteste Tochter meines Mannes – sie ist schon 33 Jahre alt – zu Weihnachten bei uns schlief. Sie sagte danach, sie würde nie wieder bei uns schlafen, da sie, als sie nachts zur Toilette ging, neben dem Tannenbaum eine Gestalt sah. Es erging ihr dabei genau wie meiner Mutter, die mir versicherte, sie würde nie wieder nach Einbruch der Dunkelheit auf unsere kleine Tochter aufpassen, da sie trotz eines Tinnitus auf einem Ohr Geräusche und Schritte im Haus hörte.

Mein Mann und ich gehen mittlerweile routinierter mit der Angelegenheit um. Wir sind vor zwei Wochen in unsere Ferienwohnung gezogen. Unser Haus ist in der Zwischenzeit an von uns betreute Jugendliche vermietet – mein Mann ist Sozialpädagoge, und ich bin Erzieherin. Wir haben den Jugendlichen nichts von den Erlebnissen erzählt, und sie berichten auch nichts von sonderbaren Erlebnissen, die unseren ähneln würden.

In unserer jetzigen kleinen Ferienwohnung kann ich wieder ohne die schon erwähnte Decke über dem Kopf schlafen. Die Kleine schläft seit unserem Einzug wieder selig in ihrem Zimmer durch. Jedoch ist meinem Mann nun im Traum eine alte Frau erschienen, die ihn einlud, um Mitternacht, bei Vollmond an einer bestimmten Treppe bei uns im Dorf zu stehen. Sie sagte ihm, dort würden viele stehen und die Aussicht genießen.

Mir kommt das alles nicht sehr geheuer vor, aber mein Mann will beim nächsten Vollmond hingehen, um der alten Dame den Wunsch zu erfüllen.

Was sagen Sie dazu?

Halten Sie meine Erzählungen bitte nicht für Hirngespinste. Warum haben wir diese Erlebnisse und andere nicht? Ist der große Mann hinter meiner Tochter ein Schutzengel? Oder sollten wir irgendetwas unternehmen? Warum wird uns so ins Ohr geschrien? Und warum haben wir immer das Gefühl gehabt, wir sollten geärgert werden?

Ich würde mich freuen, wenn es Ihre Zeit erlaubte, sich vielleicht in schriftlicher Form oder auch telefonisch mit uns in Verbindung zu setzen. Können Sie uns weiterhelfen?

Gerade als ich den letzten Satz lese, klingelt es an der Tür. Frau Wald ist da.

»Sie sind wieder zurück!«, sagt sie.

Ich bin noch gefangen von der Lektüre des ersten Briefes und grüße mit Verzögerung.

»War der Urlaub schön? Soll ich Ihnen einen Tee machen?«, fragt sie.

»Ach ja, der Tee«, sage ich. »Ich habe schon Wasser aufgesetzt und dann gleich angefangen, die Post durchzugehen. Wären Sie so nett?«

Sie nickt und verschwindet in der Küche.

Ich gehe zurück ins Arbeitszimmer und mache mir eine Notiz zu dem Brief der Frau: »Hypnagoger Zustand« und »Gestaltwahrnehmung«.

Viele Besucher finden mein Büro wegen der altmodischen Möbel eine Spur zu dunkel. Der Baum vor dem Fenster tut ein Übriges, dem Raum das Licht zu nehmen. Er wirkt wie eine Wissenschaftlerklause, in der man in aller Ruhe nachdenken kann. Der Eindruck einer abgeschiedenen Welt mitten in Freiburg wird noch verstärkt durch den dicken Vorhang im Windfang, gleich am Eingang im Hochparterre. Ein Besucher hat von einer »Spukhöhle« gesprochen, was ich aber übertrieben finde. In meinem Büro geht es ganz alltäglich zu, und mit der Ruhe eines Wissenschaftlers ist es hier nicht weit her. Normalerweise klingelt andauernd das Telefon. Nur jetzt ist es noch still. Der Anrufbeantworter blinkt. Ich lasse ihn noch blinken. Erst will ich die Post durchsehen.

Einer der Briefe scheint die Reaktion auf ein Gespräch zu sein, das ich einige Wochen vor meinem Urlaub mit einem jungen Mann führte, der mich um Rat gefragt hatte. Er sprach davon, dass es in seinem Haus spuke. Ich bat ihn daraufhin, alle vergangenen und alle neu auftretenden Ereignisse aufzuschreiben. Nun hat er mir seine Aufzeichnungen geschickt:

> Von meiner Fernsehcouch aus kann ich seitlich durch die Tür in einen offenen Flur sehen. Jeden Tag sehe ich dort einen schemenhaften Schatten, der sich plötzlich bildet und bei direktem Hinsehen weghuscht. Manchmal nach links, manchmal nach rechts. Das Phänomen tritt nie bei direkter Beobachtung des Ganges auf, sondern taucht sozusagen in den Augenwinkeln auf. Sämtliche äußeren Störungen wie Autoscheinwerfer, Lampen und so weiter habe ich gründlich ausgeschlossen beziehungsweise untersucht.

Ich notiere am Rande des Briefes wieder den Begriff »Gestaltwahrnehmung«. Dann lese ich weiter:

> Eines Morgens ging mein Computer nicht mehr. Noch am Vorabend hatte ich ihn benutzt, aber jetzt ging nichts mehr. Ich rief einen Techniker, der zu unser beider Erstaunen gut einen Viertelliter Wasser in der Tastatur fand. Die Papierbögen neben der Tastatur waren aber seltsamerweise komplett trocken geblieben. Wie war die Flüssigkeit dort reingekommen?
> Im Wohnzimmer lag an jenem Morgen der Aschenbecher vom Fernsehtisch zerbrochen auf dem Boden. Es war seltsam – niemand war in der Nacht im Haus gewesen.
>
> Gelegentlich hörte ich in der Küche schlurfende Schritte aus dem Schlafzimmer darüber – obwohl ich allein im Haus lebe. Seit einigen Monaten übernachte ich allerdings immer bei meiner Freundin, weil ich nicht mehr besonders gern allein im Haus bin; deshalb kann ich nicht sagen, ob das Schlurfen immer noch zu hören ist.
>
> Vor längerer Zeit war ich am Sonntagnachmittag bei einem befreundeten Paar eingeladen. Da uns nach einiger Zeit die Getränke ausgingen, schickte ich einen Freund aus der anwesenden Runde mit dem Schlüssel zu meinem Haus, um Nachschub zu holen. Als er zurückkam, fragte er mich:
>
> »Wer ist denn bei dir zu Besuch?«

Ich wunderte mich und entgegnete: »Niemand, wieso?«

»Das ist komisch«, sagte er. »Als ich wieder weggefahren bin, habe ich gesehen, wie jemand aus dem Fenster geschaut hat.«

Ich schluckte und sagte: »Willst du mich …?«

»Ganz bestimmt nicht«, sagte der Freund schnell, sodass ich sicher sein konnte, dass er mich nicht zum Narren halten wollte. Er wirkte sehr ernst. »Ich bin selbst ziemlich erschrocken. Als ich im Haus war, habe ich nichts gehört. Gar nichts. Erst als ich draußen war und mich noch einmal umgedreht habe, habe ich das Gesicht gesehen.«

Ich lege den Brief zur Seite und denke nach. Einerseits berichtet der junge Mann von Erscheinungen, dann aber auch von Spukphänomenen. Der Spuk verändert Dinge, er hat echte Auswirkungen auf unsere physikalische Umwelt. Erscheinungen verändern eigentlich nichts. Der Spuk hinterlässt eine Spur im Leben, die auch Fremde nachverfolgen können. Das Wasser in der Tastatur ist ein Hinweis auf einen echten Spuk.

Der Mann hat meine Ratschläge aus unserem Gespräch befolgt und alle Ereignisse dokumentiert: Neben seinem Brief nehme ich noch drei weitere Berichte aus dem Kuvert. Alle Erlebnisse sind aufnotiert. Ein Brief ist von seiner Freundin, die von ähnlichen Erlebnissen berichtet, als sie sich im Haus des jungen Mannes aufhielt:

Im unteren Gang huscht ein Schemen hin und wieder her. Lautlos. Nur aus den Augenwinkeln wahrnehmbar. Ich habe es vom Treppenabsatz im ersten Stock aus gesehen. In letzter Zeit habe ich den Eindruck, als würde der Schemen zu einem richtigen Schatten und als würde er die halbe Treppe hoch in den ersten Stock nehmen.

Es verschwinden Dinge im Haus. Neulich war die Kaffeemaschine ausgeschaltet, der Filterbehälter war ausgeklappt – obwohl ich sie vorher angestellt hatte.

Einmal spürte ich im Schlafzimmer im Bett einen kalten Hauch, einen seltsamen Luftzug, der sich auf mir niederließ – bei geschlossenen Fenstern. Mein Partner schlief neben mir. Ich spürte ein Kribbeln, das langsam meine Arme und Beine hochkroch. Nach circa zwei bis drei Minuten war es weg. Ich fühle mich beobachtet und verspüre Angst im Haus.

Die beiden anderen Berichte aus demselben Kuvert bestätigen die ersten Aufzeichnungen. Ich bin schon versucht, den jungen Mann gleich anzurufen und zu fragen, was in der Zwischenzeit geschehen ist. In der Regel rufe ich die Leute nicht an, sondern schreibe ihnen, dass sie mich zurückrufen können. Ich will nicht aufdringlich sein und nicht als neugierig erscheinen. Zudem lösen sich manche Probleme von selbst – sie verschwinden einfach von allein. Heute ist aber der erste Tag nach dem Urlaub, da will ich eine Ausnahme machen – schließlich mussten die Leute ja schon lange genug auf eine Antwort warten.

Eine hilfreiche Methode, einem Spuk, dem rätselhaftesten paranormalen Phänomen, beizukommen, ist, die unheimlichen Ereignisse zu notieren. Erfahrungsgemäß hilft die Niederschrift, die präzise Dokumentation dabei, den Spuk zum Verschwinden zu bringen. Außerdem will ich im Fall des Mannes wissen, ob noch etwas vorgefallen ist. Vieles spricht dafür, dass zumindest der Spuk mittlerweile verschwunden ist, wenn er fleißig weiter seine Erlebnisse aufgeschrieben hat.

Ich will schon zum Telefonhörer greifen, als mein Blick an einem dicken Kuvert hängen bleibt, auf dem mit schwungvoller Schrift die Adresse der Beratungsstelle geschrieben steht. Ich sehe auf die Uhr: gleich halb zehn. Dann betrachte ich den riesigen Stapel Briefe und sehe aus den Augenwinkeln den Anrufbeantworter blinken. Okay, denke ich und seufze: Diesen Brief öffne ich noch.

> Es geht um eine verschwundene Stadt bei uns in der Nähe. Der Sage nach soll im Jahre 1348 die Pest zahlreiche Bewohner hinweggerafft haben. 1398 kamen erst die Pommern, dann 1430 die Hussiten mit Mord und Totschlag. Von dem Städtchen blieben wohl nur ein paar Steine übrig, die von den umliegenden Dörfern nach und nach für ihre Bauten abgetragen wurden. Seitdem erzählt man sich, dass manche Wanderer oder Pilzsammler Opfer plötzlicher Visionen werden: So höre und sehe man das bunte Treiben auf einem mittelalterlichen Marktplatz, man höre das Läuten von Kirchenglocken, und im Winter sehe man sogar seltsame Spuren im Schnee.

In der Zwischenzeit stellt mir meine Kollegin eine Tasse Tee auf den Tisch und begibt sich in ihr Arbeitszimmer. Abwesend sage ich: »Danke.« Ich rühre die Tasse nicht sofort an, so sehr beschäftigt mich das Schreiben. Nur ein Teil der Briefe, die ich bekomme, ist so differenziert, so gut formuliert. Diese Erzählungen sind für mich die interessantesten. Je besser der Zeuge einer unheimlichen Erscheinung das Ereignis beschreiben kann, desto besser kann ich den Fall einordnen. Ich lese weiter – in der linken Hand die Teetasse, in der rechten Hand den Brief:

> Mich faszinierten die Erzählungen so sehr, dass ich mit meinem Mann und meinem Sohn einen Ausflug in den besagten Wald machte – ohne den beiden aber etwas von dem angeblichen Spuk zu erzählen. Ich wollte nicht, dass sie voreingenommen auf jedes Geräusch horchten oder gar versuchten, mich in die Irre zu führen. Als wir also durch diesen Wald stromerten, sagte mein Sohn, damals circa zehn Jahre alt: »Das ist ja komisch! Hier zwitschern gar keine Vögel!«

Auch mir war vorher schon aufgefallen, dass etwas nicht stimmte, ich kam aber nicht darauf, was es war. Etwa zwei Minuten später hörten wir alle ein ziemlich lautes metallisches Geräusch:

»Klonk.«

Es ließ sich am ehesten mit dem Geräusch eines Schmiedehammers auf einem Amboss vergleichen. Als dieses Geräusch ertönte, waren wir drei jeweils etwa vier Meter voneinander entfernt. Jeder trottete für sich durch das dichte Laub am Boden. Bei diesem »Klonk« schauten wir alle in die Richtung, aus der das Geräusch kam. Ich kann mich noch ganz genau erinnern, dass ich dachte: Das muss da hinter dem Zaun gewesen sein!

Nur: Da war kein Zaun.

Und selbst als ich die Augen für einen Augenblick schloss, um einen klaren Blick zu bekommen, half es nichts: Ich öffnete die Augen und sah nichts. Nur Wald. Keinen Zaun. War ich denn verrückt geworden? Warum sagte mir mein Gefühl, dass dort vorne ein Zaun sein musste – ein Zaun aus Strohmatten? (Ich weiß nicht, wie ich es anders beschreiben soll. Hoffentlich können Sie sich trotzdem vorstellen, was ich meine!)

Ich behielt meine Verwirrung für mich. Wir setzten unseren Spaziergang fort und vergaßen das Geräusch wieder.

Einige Tage später unterhielt ich mich mit meinem Sohn noch mal über unseren Ausflug und über die fehlenden Vögel. Zu meiner Überraschung sagte er plötzlich:

»Da hinter dem Zaun muss aber einer auf Eisen gehauen haben!«

Einen Moment lang war ich verblüfft. Dann antwortete ich ihm: »Da war aber kein Zaun!«

Mein Sohn aber blieb beharrlich und sagte:

»Natürlich war da ein Zaun! So einer aus Stroh!«

Mir wurde heiß. Dann erinnerte ich mich, dass ich nichts gesehen hatte, dass ich aber glaubte, etwas gesehen zu haben.

»Da war nichts«, sagte ich. »Wir können gerne noch mal hinfahren und uns davon überzeugen.« Das taten wir dann auch. Allerdings erst mehrere Monate später. Vorher schafften wir es nicht.

Es war schon Winter. Mein Mann hatte sich kurz vorher einen neuen Kompass gekauft, den er nun in der Jackentasche spazieren trug. Wir gingen zuerst zu der Stelle, an der wir das »Klonk« gehört hatten – und an der vielleicht auch ein Zaun war.

Während mein Sohn mir noch immer erklärte, dass er schwören könne, dort einen Strohmattenzaun gesehen zu haben, fluchte mein Mann laut auf. Er schüttelte den neuen Kompass.

»Das Ding geht nicht! Die Nadel hat sich verhakt!«, sagte er.

Mein Sohn und ich versuchten der Reihe nach das Gleiche. Wir schüttelten den Kompass, wir klopften das Gehäuse sogar gegen einen Baumstamm – immer in der Absicht, die Nadel aus ihrer Erstarrung zu lösen.

Vergeblich.

Mein Mann fand sich damit ab, dass der neue Kompass wohl schon kaputt war, und wir setzten unseren Spaziergang fort.

Später am Abend, wir waren wieder zu Hause, sah ich den Kompass auf der Kommode liegen. Ich nahm ihn und wollte noch ein letztes Mal versuchen, die Blockade zu lösen. Da sah ich, dass er ordnungsgemäß funktionierte.

Ich ging ins Wohnzimmer und fragte meinen Mann:

»Der Kompass geht ja wieder. Wie hast du das hinbekommen?«

»Ich habe ihn nur aus der Tasche genommen – und da ging er wieder.«

Herr von Lucadou, wie erklären Sie sich unsere Erlebnisse? Stimmt es, dass sie mit der untergegangenen Stadt zu tun haben?

Im Kopf des Briefes ist die Telefonnummer der Frau notiert. Ich greife dieses Mal gleich zum Telefon.

»Guten Tag, hier spricht Walter von Lucadou von der Parapsychologischen Beratungsstelle in Freiburg. Sie haben mir wegen der versunkenen Stadt geschrieben.«

»Ach, das ist aber nett, dass Sie sich melden. Ich war mir ja nicht ganz sicher, ob Sie unseren Fall auch ernst nehmen würden – egal, wem ich von den Erlebnissen erzähle, ich werde eigentlich immer nur belächelt.«

»Ich bin nicht dazu da, Sie zu belächeln«, antworte ich ihr. »Es gibt auch keinen Grund dafür. Was Sie berichten, gehört in gewisser Weise zum Erzähl- und Sagengut unserer Gesellschaft.«

»Wie meinen Sie das?«, fragt sie neugierig nach.

»Von überall dort, wo Dörfer oder ganze Städte untergegangen sein sollen, werden solche Geschichten berichtet, wie Sie sie aufgeschrieben haben. Ich weiß es hier im Schwarzwald vom Titisee: Dort hört man angeblich in stillen Nächten die Glocke der Kirche, die in der im See versunkenen Ortschaft stand.«

»Verstehe. Das erinnert mich an den Amboss, den wir gehört haben.«

»Nun ja, den Sie vermeintlich gehört haben.«

»Sie glauben also auch nicht, dass wir dieses ›Klonk‹ …«

»Ich glaube Ihnen durchaus, dass Sie dieses metallische Hämmern gehört haben«, beeile ich mich zu antworten. »Schließlich bin ich nicht dazu da, Ihnen Ihre Erlebnisse auszureden. Die Frage ist nur, was diesen Klang ausgelöst hat.«

»Was glauben Sie? Ist das ein Spuk?«, fragt sie nun neugierig.

»Nicht wirklich. Ein Spuk hinterlässt normalerweise Spuren in der wirklichen Welt und ist noch um einiges rätselhafter. Ich würde hier eher von einer Erscheinung sprechen.«

»Was ist eine Erscheinung?«, fragt sie zögernd.

»In jeder Gesellschaft gibt es überlieferte Geschichten«, beginne ich, »es gibt Erzählstrukturen, Sagen und Legenden zum Beispiel, die die Menschen im Lauf ihres Lebens hören. Haben Sie Märchen gelesen?«

»Na sicher, die Gebrüder Grimm: Aschenputtel, Frau Holle ...«

»Genau solche Erzählungen setzen sich in unserem Unterbewusstsein fest. Sie formen unseren Zugang zur Welt. Märchen, Sagen und Legenden prägen noch heute zum Beispiel unsere Vorstellung vom Wald. Immer noch hat der Wald eine unheimliche Aura, etwas Mystisches an sich. Wenn Sie mit Ihrer Familie in den Wald gehen und wissen, dass sich unter der Erde angeblich eine untergegangene Stadt befindet, dann gehen Sie mit Erwartungen in den Wald.«

»Deswegen bin ich auch mit meiner Familie dorthin gegangen ...«

»Weil Sie es überprüfen wollten?«, frage ich schnell dazwischen und lächele.

»Sozusagen«, antwortet sie. Ich nicke und fahre fort: »In jedem anderen Waldstück wäre Ihnen wahrscheinlich nichts komisch vorgekommen. Über den Ruinen aber kann sich die Wirklichkeit verändern. Ich glaube, dass Sie ganz ohne Absicht diese Erlebnisse realisiert haben.«

»Aber wie?«

»Ich kann es nicht zu hundert Prozent erklären. Aber ich kann Ihnen meine Annahme schildern. Ich will nicht ausschließen, dass es im Wald plötzlich ganz still war – so still, dass die Vögel nicht mehr gezwitschert haben. Das kann es tatsächlich geben – aus meteorologischen Gründen zum Beispiel, wenn sich ein Tiefdruckgebiet ankündigt. Es kann nun sein, dass Ihr Gehirn in einem solchen außergewöhnlichen Moment beginnt, Geschichten aus dem Unterbewussten zu aktivieren. Sie erinnern sich an Erzählungen von mystischen Orten. Diese Erinnerung überlagert sich mit der Realität.«

»Glauben Sie wirklich, dass es das gibt?«, fragt sie mit Ungläubigkeit in der Stimme.

»Der Psychoanalytiker Carl Gustav Jung hat gesagt, dass es in jeder Gesellschaft kollektive Vorstellungen und Erzählstrukturen gibt, die im Lauf des Lebens immer wieder aktiviert werden.«

»Aber was bedeutet *aktivieren*?«

»Sie nehmen ein wie auch immer geartetes Geräusch wahr und bauen darum unbewusst eine Geschichte – auf der Grundlage der Geschichten, die Sie im Laufe Ihres Lebens schon erfahren haben. Sie können sich gar nicht dagegen wehren, so schnell schmiedet Ihr Gehirn aus dem vorhandenen Wissen und aus einer kleinen Begebenheit, einem Laut, einer Erscheinung, die Sie nicht gleich zuordnen können, eine stimmige Geschichte.«

»Das heißt, wir haben uns das alles also nur – eingebildet?«

»Von Einbildung habe ich nicht gesprochen. Sie haben eine Geschichte, einen Zusammenhang aktiviert, der zum Ort und vor allem auch zu Ihren Erwartungen gepasst hat.«

»Und der Kompass?«

»Tja. Der Kompass. Es kann Zufall gewesen sein, dass er sich beim Spaziergang verhakt hat. Oder aber wir haben es an der Stelle tatsächlich mit einem echten Spuk zu tun.«

»Was würde das bedeuten?«

»Einen Moment«, sage ich und nehme einen ersten Schluck vom Tee. »Ich gebe Ihnen ein Beispiel.«

Ich erzähle der Frau von einem Fall bei einer italienischen Familie in einer baden-württembergischen Großstadt, zu dem ich vor einigen Jahren gerufen worden war. Es hieß, es würden Steine durch die Wohnung fliegen – Pflastersteine, aber auch kleinere Steine, die die Wohnung in einen Trümmerhaufen verwandelten. Polizisten, so hieß es zunächst, hielten die Kinder für die Steinewerfer. Sie folgten dabei, das stellte ich vor Ort fest, der Auffassung des Vaters. Bei unserer ersten Begegnung machte er einen verwirrten Eindruck auf mich. Einmal sprach er von Geistern und Dämonen, ein andermal hatte er seine vierzehnjährige Tochter im Verdacht, den Steine-Terror zu verursachen. Das Mädchen war, wie später festgestellt wurde, geistig zurückgeblieben und musste im Gegensatz zu ihren jüngeren Geschwistern viel im Haushalt helfen. Sie lebte im kleinsten Zimmer der Wohnung. Auf den ersten Blick erschien es mir unglaubwürdig, dass sie in der Lage sein sollte, die Familie und auch die Polizisten derart zu narren.

Eine deutsch-italienische Sozialarbeiterin übersetzte vor Ort alles, was die italienische Familie aussagte, für die Polizei und brachte mich nach meiner Ankunft auf den Stand der Dinge. Ich sollte bleiben und durfte eine Woche lang die Ereignisse um die Familie herum beobachten. Vor allem der Vater war von großer Unruhe ergriffen, so sehr setzten ihm die Steine in der Wohnung zu. Verständlich. Teile des Mobiliars waren demoliert, es gab Dellen in der Wand, weil manche großen Steine offenbar mit ungeheurer Wucht, aus dem Nichts kommend, an die Wand geworfen worden waren. Eines Nachts hatte es kleine Kieselsteine von der Decke geregnet. Die Geschichten klangen grotesk, und niemand hatte eine Erklärung. Der Vater wirkte übernächtigt, aber entschlossen. Nachts sperrte er seine Familie in das Elternschlafzimmer und wachte mit einer Axt vor der Tür. Er wollte selbst sehen, ob seine Tochter – wie auch immer – Steine ins Haus brachte oder ob es einen Geist gab.

Aber er sah nichts.

Und trotzdem waren am folgenden Tag neue Steine in der Wohnung. Die Szenerie war eigenartig. Immer wieder sammelte die Familie die Steine ein und kippte sie auf einen Steinhaufen vor dem Haus, der sich dort schon vor Beginn der Ereignisse befunden hatte. Irgendwann kam jemand auf die Idee, alle Steine auf dem Haufen mit Farbe zu markieren, um nachzuverfolgen, ob die Steine in der Wohnung wirklich von diesem Haufen stammten. Und tatsächlich: Die Steine, die am folgenden Tag in der Wohnung lagen, waren farbig markiert. Immerhin war nun der Ursprung der Ereignisse gefunden. Aber wie kamen die Steine in die Wohnung?

Kurz konnte ich sogar mit eigenen Augen nachverfolgen, wie Steine aus dem Nichts auftauchten. Der Vater der Familie kochte gerade in der Küche Spaghetti mit Tomatensoße. Ich stand neben ihm, und wir redeten, als plötzlich, wirklich aus dem Nichts, ein Stein in seinen Topf fiel.

»O mein Gott!«, schrie der Mann auf. »Sehen Sie? Sehen Sie?«

Er trat einen Meter zurück, in seiner Hand hielt er noch den Kochlöffel, so als wollte er sich gleich verteidigen. Ich beugte mich vor. Ich war fasziniert und wollte einen Blick in den Topf werfen.

»Gehen Sie weg da«, schrie der Vater mich an. »Der Teufel! In der Soße ist der Teufel drin.«

»Keine Sorge«, sagte ich. Ich war mir ziemlich sicher, dass ich in der Tomatensoße keinen Teufel entdecken würde. »Ich will mich nur überzeugen, ob es wirklich ein Stein war.«

»Verstehen Sie jetzt, was hier passiert? Verstehen Sie?«

Der Vater redete ohne Unterlass auf mich ein. Ich nickte und hörte ihm zu. Mit einem Löffel holte ich einen kleinen Stein aus dem Topf. Ich sah mich um. Die Tür zur Küche war noch immer geschlossen. »Haben Sie jemanden zur Tür hereinkommen hören?«, fragte ich den Vater.

»Nein, das hätte ich mitbekommen.«

Ich nickte. Dann balancierte ich den Stein auf dem Löffel zur Spüle und ließ aus dem Wasserhahn vorsichtig einen feinen Strahl mit warmem Wasser darüberlaufen. Der Stein war zwar nicht markiert, sah denen auf dem Haufen aber sehr ähnlich. Ich wog ihn einen Moment lang in meiner Hand. Auch der Vater wagte sich nun zu dem »teuflischen Objekt«.

»Wie kann das sein?«, fragte er mich.

Noch einmal drehte ich mich um und betrachtete prüfend die Küche. Das Fenster war verschlossen. Es war keine Pflanze in der Küche und demnach auch kein Blumentopf, in dem, theoretisch, ein Stein hätte gelegen haben können.

»Es ist tatsächlich ein Spuk«, sagte ich zum Vater und lächelte ihn an. Er ließ den Kochlöffel sinken und sah mich verwundert an.

»Was daran macht Sie so fröhlich?«, wollte der Vater wissen.

»Das war nun einer der seltenen Fälle, in denen jemand, der nicht direkt mit dem Spuk zu tun hat, die Auswirkungen mitbekommen durfte.« Ich betrachtete den Stein und war noch immer fasziniert. »Das ist sehr interessant«, sagte ich dann.

Der Vater blickte nun selbst in den Topf. Als er aufschaute, sagte er zu mir: »Kein Teufel?«

Ich schüttelte den Kopf und schien den Vater damit zumindest ein bisschen beruhigt zu haben. Dann erklärte ich ihm, dass ein Spuk meistens mit einer bestimmten Person verbunden sei. »Er kommt nicht von ungefähr. Nach allem, was wir bisher wissen, entsteht ein Spuk immer nur in Gegenwart von bestimmten Personen, die ein Problem mit sich herumtragen. Wir nennen diese Person ›Fokusperson‹.«

»Aber ich habe kein Problem«, sagte der Vater unwirsch.

»Das behaupte ich auch nicht. Es ist aber gut möglich, dass jemand in Ihrer Familie Stress hat oder andere Probleme. Diese Probleme können zu einem Spuk führen.«

Der Vater blieb stumm.

In meinen Gesprächen mit der Familie stellte sich heraus, dass der Vater immer wieder in Streit mit seiner vierzehnjährigen Tochter geraten war. Sie schien das Aschenputtel der Familie zu sein. Sie lebte im kleinsten Zimmer, ihre Schwestern wurden von den Eltern stets vorgezogen. Ich gab der Familie den Rat, die Tochter für ein paar Wochen zu Verwandten zu geben, weil ich sie als Fokusperson in Verdacht hatte.

Zwar nahm die Familie den Rat nicht an, aber bald darauf geschah doch etwas. Nachdem auch nach meiner Abreise noch Steine durch die Wohnung flogen und außerdem sogar die Gardinen Feuer fingen, gab die Familie entnervt auf. Sie kündigten den Mietvertrag und zogen in eine neue Wohnung. Die vierzehnjährige Tochter kam für die Zeit des Umzugs bei Verwandten unter. Und tatsächlich geschah das, was in der Familie niemand mehr für möglich gehalten hatte: Der Spuk nahm ein Ende.

»Verstehen Sie nun ein bisschen besser, was Spuk ist?«, frage ich in meinem Büro in der Hildastraße die Frau, die mir wegen ihrer Erlebnisse mit der versunkenen Stadt geschrieben hatte.

Stille.

»Hallo, sind Sie noch da?«

»Ja … ja«, sagt die Frau. »Entschuldigen Sie. Ich denke nur nach. Wissen Sie denn, ob es so etwas häufiger gibt?«

»Spuk ist ein sehr verbreitetes Phänomen. Es gibt viele Fallsammlungen, in denen von fliegenden Kissen, schwebenden Bügeleisen, sogar von schwebenden Haustieren die Rede ist. Es gibt Studien zu paranormalen Erfahrungen, denen zufolge fast drei Viertel aller Deutschen mindestens einmal in ihrem Leben etwas erlebt haben, das sie sich nicht erklären können.«

»Ist das alles Spuk?«, fragt die Frau am Telefon.

»Nicht alles. Viele berichten von Déjà-vu-Erlebnissen: Sie erleben Situationen und stellen fest, dass sie die Szenerie einer Situation schon einmal gesehen haben. Andere berichten von Wahrträumen – sie träumen Dinge vorher, die später wirklich eintreten.«

Die Frau am anderen Ende der Telefonleitung ist skeptisch. »Aber warum gibt es dann nur eine einzige Parapsychologische Beratungsstelle, wenn die Phänomene deutschlandweit so häufig auftauchen?«, fragt sie.

»Die meisten Menschen kommen recht gut mit diesen ungewöhnlichen Erlebnissen zurecht«, sage ich. »Sie wundern sich, schieben das Erlebnis gedanklich beiseite und vergessen es schließlich fast ganz. Nur wenn sich die Phänomene häufen, wird es schwierig. Wie integriert man Spuk in das normale Leben? Kann man Spuk weitererzählen? Wer glaubt einem? Unsere Gesellschaft ist sehr rational geprägt. Wir finden es ja nicht gerade selbstverständlich, jedes seltsame Phänomen durch die Existenz eines Geistes zu erklären. Wer öfter ungewöhnliche Erfahrungen hat, kann deshalb Probleme dabei bekommen, die Erlebnisse zu verarbeiten. Er wird ratlos und unsicher und fragt sich: Stimmt alles mit meinem Weltbild? Oder bin ich unter Umständen krank? Bin ich vielleicht sogar psychisch krank? Niemand will gern für verrückt gehalten oder auch nur in die Nähe einer psychischen Erkrankung gerückt werden. Deshalb schweigen viele Menschen lieber über ihre Erlebnisse, statt sich anderen anzuvertrauen. Sie fühlen sich ohnmächtig und erleben bisweilen sogar ein Gefühl von Kontrollverlust über sich selbst und das ganze Leben.«

»Und dann melden sie sich bei Ihnen?«, will die Frau wissen.

»Im Idealfall: Ja. Die meisten aber tun es nicht – aus Angst, dass sie für verrückt gehalten werden.«

2. Kapitel:

»Ich denke, also bin ich«

An der Tür klopft es leise. Frau Wald schiebt vorsichtig die Tür auf, linst in mein Büro und gibt mir ein Zeichen, dass ich nach und nach das Gespräch beenden möge. Nach meiner Rückkehr aus dem Urlaub hatten wir noch kaum ein Wort miteinander wechseln können.

»Nun muss ich leider langsam Schluss machen«, sage ich in den Telefonhörer und nehme noch einen Schluck Tee.

»Eine Frage noch«, sagt die Frau schnell. »Eine letzte Frage noch.«

»Ja«, sage ich.

»Sie haben mir nur gesagt, dass Spuk in vielen Fällen mit einer Fokusperson zu tun hat. Hat also auch die stehen gebliebene Kompassnadel mit einer Person zu tun? Mit mir vielleicht?«

»Möglich ist es«, antworte ich.

»Aber wie funktioniert das?«, fragt sie. »Was hat das zu bedeuten?«

Ich atme durch. Eine gute Stunde aus dem Urlaub zurück, und ich bin schon wieder mittendrin.

»Gut«, sage ich. »Ich will Ihnen zumindest erklären, wo man nach einer Antwort auf Ihre Frage suchen muss.«

Ich bedeute meiner Mitarbeiterin, dass sie sich noch einen Moment gedulden möge. Sie nickt und schließt die Tür.

»Ich glaube«, hebe ich an, »man muss sich auf der Suche nach einer Antwort den Cartesischen Schnitt anschauen.«

»Welchen Schnitt?«, fragt die Frau.

»Der Cartesische Schnitt beschreibt eine Trennlinie zwischen der Welt der Gedanken und der Welt außerhalb unseres Körpers. Er beschreibt im Grunde die Trennung zwischen zwei Wissenschaften: hier die Psychologie, dort die Physik. Die Frage, ob die Welt da draußen wirklich existiert oder ob sie vielleicht nur ein Traum ist, hat sich sicher schon so manches Kind gestellt. Der französische Philosoph René Descartes, nach dem der Cartesische Schnitt benannt ist, hat diese Frage zum Ausgangspunkt seiner Philosophie gemacht. Er hielt die Welt des Geistes für das Grundlegendere, daher sein berühmter Ausspruch: ›Ich denke, also bin ich.‹ Die meisten Wissenschaftler glauben, dass man diese Trennlinie zwischen den Wissenschaften, diesen Cartesischen Schnitt, nicht überwinden kann. Die Welt des Geistes ist nicht direkt an die Welt der Physik anschließbar, wenn Sie so wollen. Viele Wissenschaftler meinen deshalb, dass man ein paranormales Phänomen entweder *nur* psychologisch oder *nur* physikalisch erklären kann. Sie glauben nicht, dass beide Wissenschaften etwas zur Erklärung von, zum Beispiel, Spukphänomenen beitragen können.«

»Ähm, Entschuldigung«, hakt die Frau am Telefon sehr vorsichtig nach. »Noch mal zum Mitschreiben: Wie meinen Sie das genau?« Sie räuspert sich, und ich suche ein geeignetes Beispiel zur Veranschaulichung:

»Man kann«, sage ich, »die paranormalen Phänomene schlicht nicht genau zuordnen. Ist der Stein, der in meiner Gegenwart bei der italienischen Familie in den Soßentopf gefallen ist, nur ein rein physikalisches Phänomen? Kann ich das Ereignis wirklich allein mit der Physik erklären? Oder kann es sein, dass nicht doch auch die Psychologie eine Rolle spielt? In irgendeiner Weise hat, so scheint es zumindest, die Tochter der Familie Einfluss auf das Geschehen genommen. Sie hat, soweit man weiß, nie selbst einen Stein geworfen. Aber als sie von der Familie getrennt war, ging es ihr selbst und auch der Familie besser. Der Spuk war verschwunden.«

»Was meinen Sie damit?«, fragt die Frau am Telefon in einem skeptischen Tonfall. »Sie glauben also, dass wir mit dem Kopf Einfluss auf die Physik nehmen können?«

»Sie verstehen, was ich meine«, stimme ich ihr zu. Noch einmal lehne ich mich im Stuhl zurück. Die Frau stellt wirklich die richtigen Fragen.

»Gibt es denn dann gar keine Geister?«

Und sie stellt auch die schwierigen Fragen.

»Ein Spiritist würde diese Unterscheidung nicht vornehmen. Ein Spiritist nimmt an, dass es Geister gibt. Sie sind für ihn objektive Wesen, so wie für uns Katzen oder Hunde objektive Wesen sind.«

»Objektive Wesen« bedeutet, dass sie wirklich existieren.

»Ich bin dagegen der Überzeugung«, fahre ich fort, »dass Spukphänomene in der Grenzregion zwischen Psychologie und Physik geschehen. Sie geschehen nicht auf der einen oder auf der anderen Seite des Cartesischen Schnitts. Sie sind weder reine Produkte der mit Physik beschreibbaren Wirklichkeit noch reine Produkte unserer Gedanken. Sie entstehen: auf dem Schnitt.«

Noch bevor die Frau mich mit einer weiteren Frage unterbrechen kann, füge ich an: »Wenn Sie nun wissen möchten, wie wir mit dem Kopf auf die Physik einwirken können, muss ich Ihnen leider sagen: Diese Erklärung dauert ein bisschen länger. Ich müsste Sie auf ein weiteres Gespräch vertrösten. Wäre das in Ihrem Sinne?«

Ich habe den Eindruck, sie hätte gerne noch weiter zugehört. Das Reden über die paranormalen Phänomene scheint sie zu entspannen und vom Erlebten abzulenken.

»Dann muss ich mich wohl noch ein bisschen gedulden«, sagt sie. »Mittlerweile interessieren mich die Randgebiete unseres Wissens mehr, als ich je gedacht hätte.«

»Mich auch«, sage ich und muss lächeln. Dann verabschieden wir uns.

Ich stehe eilig auf und klopfe im Flur an die Bürotür meiner Mitarbeiterin. Ich erzähle ihr von meinen Urlaubstagen in Frankreich, wir plaudern über den warmen Herbst in Freiburg und gehen schließlich gemeinsam und im Schnelldurchlauf die Telefonanrufe durch, die in meiner Abwesenheit bei ihr eingegangen sind. Wir sichten die anstehenden Interviews und Vorträge und sprechen ab, welche Manuskripte zur Veröffentlichung in wissenschaftlichen Fachzeitschriften vorbereitet werden müssen. Während wir die Artikel durchgehen, schweifen meine Gedanken immer wieder ab. In der Tat geht es in vielen meiner Veröffentlichungen um den Cartesischen Schnitt. Mein ganzes Leben scheint, rückblickend betrachtet, mit der Frage zu tun zu haben, wie Psyche und Physik zusammenhängen.

3. Kapitel:

Alles wissen – alles verstehen – alles können

Ich wuchs im Schwarzwald auf. Mein Vater war Allgemeinarzt, Internist und Röntgenologe, meine Mutter Hausfrau; meine vier Geschwister und ich studierten alle nach dem Abitur Naturwissenschaften. Meine frühe Kindheit verbrachte ich in einer umgebauten Mühle am Eingang zur Rötenbachschlucht. Wir hatten hinter dem Haus eine Kuh mit Kalb, ein Schwein, Hasen und Hühner, und es gab natürlich auch Füchse, die einige der Hühner erbeuteten.

Wir waren die meiste Zeit in der freien Natur, und im Sommer halfen wir gern meinem Großvater auf seinem Bauernhof in Ichenheim. Bis zum Abitur habe ich in den Ferien bei ihm Tabak geerntet, Kühe versorgt, gemolken, Heu gemacht und viel über die Landwirtschaft gelernt.

Zu Hause war es nicht anders: Alle mussten alles können und mitanpacken. Natürlich war es uns Kindern damals oft lästig, wenn wir von der Mutter immer wieder aufgespürt und an den Herd oder ans Bügeleisen gerufen wurden. Dafür kann ich heute putzen, backen, kochen, bügeln. Meine Eltern hielten nichts von geschlechtsspezifischer Aufgabenteilung – von wegen: Jungs in den Garten, Mädchen in die Küche. Jeder sollte alles können. Jeder sollte, das war das Wichtigste, alles verstehen. Wenn ich heute darüber nachdenke, bin ich meinem Vater dankbar. Er hat mir beigebracht, wie man die Welt verstehen lernt: indem man sie aus allen Perspektiven beobachtet.

»Geistern« begegnete ich zum ersten Mal im Alter von fünf Jahren. Meine Eltern schafften sich kurz nach dem Zweiten Weltkrieg ein kleines Radio an. Sie stellten es ins

Wohnzimmer, und ich stellte mich daneben. Ich war fasziniert.

Es handelte sich, wie damals üblich, um ein Röhrenradio mit einer Pappwand, die ich natürlich nicht öffnen durfte. Aber es waren kleine Löcher eingestanzt. Immer wieder linste ich in das Innere des Radios und sah das dunkelrote Glimmen der Röhre. Es war geheimnisvoll. Dann dieses merkwürdige geriffelte Objekt: Erst später lernte ich, dass es sich dabei um einen Drehkondensator handelte. Stundenlang zerbrach ich mir den Kopf darüber, wie aus diesem kleinen Kasten Musik und Stimmen kommen konnten. Steckten Menschen dahinter? Befanden sich am Ende Menschen *in* dem Radio? Oder wurde es von Wesen betrieben, zu denen ich in meinem kindlichen Alter noch keinen Zugang hatte – von Geistern zum Beispiel?

Bald zogen wir aus dem Tal in Rötenbach nach Neustadt im Schwarzwald um. Unser neuer Nachbar in der Schillerstraße war der ehemalige Chef der städtischen Elektrizitätswerke. Er schenkte mir ein altes Radio, an dem ich herumschrauben und das ich zerlegen durfte. Ein Fest! Ich baute den Empfänger auseinander und reihte die Einzelteile vor mir auf. Da war kein Geist. Nirgends.

Schon damals legte ich eine gewisse Beharrlichkeit an den Tag. Ich wollte ganz genau wissen, wie meine Umwelt funktioniert. Mein Vater war immer wieder der Leidtragende dieser unstillbaren Neugier. Ich erinnere mich an eine Diskussion über Fahrraddynamos und wie sie den Strom erzeugen, der die kleine Lampe zum Leuchten bringt. Zu Hause hatte ich einen Kosmos-Baukasten, den »Elektromann«. Da war alles drin, um zum Beispiel kleine Elektromotoren oder Lampenschaltungen zu bauen. So kam ich auf die Idee, ein »Perpetuum Mobile« zu bauen, also ein Gerät, das man einmal in Gang setzt und das sich dann bis in alle Ewigkeit weiterbewegt, ohne dass man ihm Energie zuführen müsste.

»Wie willst du das machen?«, fragte mein Vater in einem sehr ungläubigen Ton. Wir waren beide gerade über den Flur in unserem Haus gegangen. Ich zog ihn ins Wohnzimmer. Er setzte sich in einen Sessel, und ich stellte mich vor ihn hin.

»Ganz einfach«, meinte ich, »man muss nur einen Elektromotor und einen Dynamo verbinden. Der Dynamo erzeugt den Strom, mit dem der Elektromotor angetrieben wird, der wiederum die Energie erzeugt, mit der der Dynamo angetrieben wird, und so geht es immer weiter.«

Einen halben Tag lang habe ich mit meinem Vater über die Möglichkeit eines Perpetuum Mobile diskutiert. Immer wieder erklärte er mir, warum das leider nicht so leicht sei.

Er sagte: »Es geht nicht, weil durch die Reibung Energie verloren geht.«

Ich sagte: »Dann muss man einfach nur einen stärkeren Dynamo nehmen! Und einen stärkeren Motor! Dann überwindet man die Reibung!«

Ich sah ihn mit leuchtenden Augen an. Mein Vater schüttelte den Kopf. Er blickte aus dem Fenster und schien zu überlegen. Der Nachdruck, mit dem ich diskutierte, erstaunte ihn. Noch einmal setzte er an. Er hob die Hände vor meinen Augen und beschrieb mit der einen Hand einen Kreis. Mit der anderen Hand simulierte er einen Widerstand, das Rädchen des Dynamos, an dem das Rad sich mit jeder Bewegung rieb, sodass es immer langsamer wurde.

»Es tut mir leid: Dein Rad wird immer langsamer werden, je länger es sich dreht. Niemand auf der Welt hat bislang ein funktionierendes Perpetuum Mobile erfunden. Und warum? Weil es unmöglich ist.«

Ich verstummte und wollte nicht einsehen, was er gesagt hatte. Warum, dachte ich, sollte nicht einfach ich derjenige sein, der als Erster ein Perpetuum Mobile baute? Ich trottete aus dem Wohnzimmer, um weiter darüber nachzudenken.

»Nicht traurig sein«, hörte ich meinen Vater noch sagen, als ich die Tür hinter mir schloss. Dabei war ich gar nicht traurig. Im Gegenteil: Ich war motiviert, die Lösung dieses, wie ich heute weiß, unlösbaren Problems zu finden.

Ich interessierte mich aber nicht nur für solche grundlegenden Probleme, wie die Frage nach dem Perpetuum Mobile, sondern baute mithilfe des »Elektromann«-Baukastens Telefonleitungen, die quer über unseren Hof verliefen und später mithilfe des »Radiomanns« von Kosmos mein erstes Radio, mit dem ich nachts Musik und Nachrichten hörte.

Wenn im Haushalt oder in der Praxis meines Vaters ein neues Gerät installiert wurde, wich ich den Technikern nicht von der Seite. Der Einbau des Röntgengeräts war ein Fest für mich, und ich besitze heute noch ein paar Kabelstücke, die die Techniker mir zum Basteln überließen.

Obwohl ich kaum Werkzeug besaß, war ich ein geschickter Bastler und stellte mir die Messgeräte, die ich brauchte, aus anderem Spielzeug und aus Märklin-Teilen selbst her. Meine Mutter war davon nicht immer begeistert, weil sie nur die vermeintliche Zerstörung sah.

Mein Vater hatte größeres Zutrauen zu meiner Bastelkunst. Hin und wieder hat er auch einen gewissen Nutzen aus meiner Bastelleidenschaft gezogen. Die Sache mit dem Elektrokardiografen ist in meiner Erinnerung noch heute eine meiner Großtaten. Das EKG-Gerät in der Praxis meines Vaters war ein uraltes Modell. Es wurde mit Röhren betrieben; die Aufzeichnung der Herzströme geschah auf Fotopapier mit einem Spiegelgalvanometer. Eines Tages war es kaputt. Ein Ingenieur der Herstellerfirma kam vorbei und erklärte meinem Vater, dass es sich eigentlich nicht lohne, das Gerät instand zu setzen. Er solle sich lieber ein neues anschaffen. Kostenpunkt: 30000 Mark.

»Du kennst dich doch mittlerweile so gut mit Radios aus«, sagte mein Vater. »Vielleicht kannst du es reparieren?«

Ich hatte noch nicht einmal einen Schaltplan und machte mich dennoch ans Werk. Und tatsächlich: Ich habe das EKG repariert. Es funktionierte sogar noch die folgenden zwanzig Jahre, in denen mein Vater seine Praxis hatte. Als Belohnung habe ich damals zwanzig Mark von ihm bekommen. Für mich als Junge eine riesige Menge Geld – auch wenn sie gemessen an der Ersparnis gegenüber einem Neukauf sehr klein wirkt.

Mit der Parapsychologie kam ich zum ersten Mal in der Schule in Berührung. Im Deutschunterricht lasen wir einen Text des Schriftstellers Gerd Gaiser. Er war ein umstrittener Dichter, der im Dritten Reich Mitglied der NSDAP war und nach dem Krieg dennoch so etwas wie einen Aufstieg erlebte. In den Sechziger- und Siebzigerjahren des vorigen Jahrhunderts war Gaiser sogar Kunstprofessor an der Pädagogischen Hochschule in Reutlingen. So umstritten er damals auch gewesen sein mochte, seine Werke hatten es nach dem Krieg in die Schullesebücher geschafft. Wir lasen eine seiner Geschichten, in der aus dem Nichts ein Gespenst auftaucht. An die genaue Geschichte erinnere ich mich nicht mehr. Aber die Szenerie war sehr realistisch, sodass ich die plötzliche Gegenwart eines Geistes als Stilbruch empfand. Das sagte ich auch im Unterricht, als wir die Geschichte analysieren sollten.

»Ich verstehe nicht, warum in der Geschichte ein Gespenst auftaucht«, sagte ich. »Das ist ein Stilbruch.«

Der Lehrer war erstaunt.

»Was meinst du damit?«

»Es gibt keine Gespenster. Gespenster und Geister gehören in Märchen, aber nicht in so eine realistische Geschichte.«

Ich hatte zu der Zeit schon eine recht genaue Vorstellung davon, wie eine gute Geschichte auszusehen hatte. Und ich glaubte nicht an Geister. Wenn zu Hause vorgelesen wurden, fragte ich:

»Ist die Geschichte wahr? Dann will ich sie hören. Ist sie erfunden? Dann will ich sie nicht hören. Erfinden kann ich selber etwas.«

In einem solchen Ton gab ich auch meinem Deutschlehrer zu verstehen, was ich von Gespenstern in realistischen Geschichten hielt.

»Du glaubst also, dass es keine übernatürlichen Erscheinungen gibt?«, fragte er, damit sich auch die ganze Klasse mit der Frage auseinandersetzen konnte.

»So ist es«, sagte ich.

Der Lehrer dachte einen Moment lang nach. »Was macht dich da so sicher?«, fragte er dann.

»Ich habe mein ganzes Leben lang noch keine gesehen«, sagte ich selbstbewusst, als sei das der Beweis für die Nichtexistenz von Gespenstern. Meine Klassenkameraden lachten.

Der Lehrer bat um Ruhe. Dann sagte er, etwas leiser, an mich gewandt: »Ich bringe dir demnächst mal etwas zu lesen mit.«

Zur nächsten Deutschstunde brachte mir mein Deutschlehrer ein kleines Büchlein mit, das ein gewisser Hans Bender geschrieben hatte. Der Autor sagte mir damals nichts. Das Buch war gerade erschienen und schilderte eine Reihe von spontanen paranormalen Phänomenen; die meisten davon waren Spukphänomene. Hans Bender hatte sie aufgezeichnet und in dem Buch zusammengefasst. Unter anderem beschreibt er darin, wie der Bürgermeister einer Ortschaft namens Neudorf im Oktober 1952 von einem Spuk heimgesucht wird. Der Bürgermeister und auch seine Angehörigen berichten, wie in der Nacht, in der der Spuk seinen Höhepunkt erreichte, plötzlich »wie eine kleine Granate ein Gegenstand durch das Elternschlafzimmer brauste«. Es war, gibt der Bürgermeister zu Protokoll, »eine Verschlussschraube« aus dem ersten Stock des Hauses. Sie schlug, das konnte man noch am folgenden Tag sehen, ein fingernageltiefes Loch in die harte Gipswand. Dabei blieb es nicht. Es »regnete Nägel«. Sechzehn Mal in 45 Minuten geschah das Unmögliche: Jede Menge Nägel fielen von der Decke. Der Bürgermeister und sein erwachsener Sohn beobachteten den irren Vorgang, während der kleinere der beiden Söhne und die Mutter unter der Bettdecke Zuflucht suchten. »Die Nägel fielen herunter wie Silberfischle, man sah sie aber erst etwa 20 Zentimeter unter der Decke«, berichteten laut Bender die Zeugen des Vorfalls.

Später sollte sich herausstellen, dass alle Nägel aus dem Küchenschrank im Erdgeschoss des Hauses stammten. Und es blieb nicht bei diesen Begebenheiten. Ein andermal beobachteten die Bewohner, dass in der Küche Gegenstände aus der Wand hervortraten, die aus einem anderen Zimmer stammten, dessen Türe fest verschlossen war. So ging es weiter; das ganze Buch war eine Ansammlung solch seltsamer Fälle. Ich las es und ich erinnere mich noch genau, dass es mich nicht so recht überzeugte. Die Geschichten schienen mir allesamt unglaubwürdig.

»Papier ist geduldig«, sagte ich mir und dachte ganz schlicht, dass sich die Menschen die Ereignisse eingebildet haben mussten.

Aber noch Tage später stellte ich fest, dass mich das Büchlein nicht losließ. Immer wieder gingen mir die Fälle durch den Kopf, immer wieder las ich in den Schilderungen. Bender hatte unter anderem auf Seite 76 notiert, welche Phänomene bei einem Spuk auftreten können:[3]

> Schläge an Türen, Mauern oder Möbel, manchmal an ein und derselben Stelle, manchmal überall im Haus.
> Selbst gut geschlossene Türen, Fenster oder Schränke öffnen sich von allein.
> Geräusche, Schlürfen, Schritte, Rollen usw. machen sich bemerkbar.

Manchmal sind die Erscheinungen von einem kalten »Hauch« begleitet.

Gegenstände fliegen durch Räume, als ob sie geworfen worden seien. Zerbrechliche Objekte gehen dabei teils in Scherben, teils bleiben sie trotz erheblicher Wucht des Aufpralls unbeschädigt.

Die Gegenstände bewegen sich nicht immer im freien Fluge, sondern folgen manchmal den Konturen der Möbel, als ob sie transportiert würden.

Möbel und Einrichtungsgegenstände werden umgeworfen, verstellt, Schränke und Schubladen ausgeräumt und der Inhalt verstreut.

In manchen Fällen werden Gegenstände aus verschlossenen Schränken oder Schubladen in andere Zimmer transportiert, auch durch verschlossene Türen.

Oft fühlen sich solche Gegenstände warm und heiß an.

Objekte, die von der Decke herunterzufallen scheinen, werden erst in einigem Abstand vom Plafond sichtbar.

Steinregen prasselt von außen auf Spukhäuser nieder.

Die Fülle der geschilderten Fälle stimmte mich nachdenklich. Hans Bender wurde in dem Buch als Professor und Wissenschaftler eingeführt. Warum, dachte ich, sollte er die Fälle erfinden oder sich einen Bären nach dem anderen aufbinden lassen? Ich versuchte mir die Menschen vorzustellen, denen diese Dinge widerfuhren. Ich sah den Bürgermeister von Neudorf vor mir, wie er ratlos vor den Nägeln steht, die von der Decke gefallen sind. Was sollte er tun? Wen sollte er um Rat fragen?

Benders Buch hatte mich verwirrt und neugierig gemacht. Von meinem kargen Taschengeld wollte ich mir weitere Literatur kaufen. Zu jener Zeit hatte ich nur etwa drei Mark im Monat zur Verfügung, und wenn ich mehr Geld wollte oder brauchte, musste ich es mir durch Nachhilfestunden in Mathematik oder Physik verdienen, für die ich mal fünfzig Pfennig, manchmal aber auch nur zwanzig Pfennig bekam. Es stand also eine richtige Investition an, als ich in die Buchhandlung in der Innenstadt von Neustadt ging.

»Haben Sie Bücher über Parapsychologie da?«, fragte ich dort. Der Buchhändler schaute mich mit großen Augen an und schüttelte dann vorsichtig den Kopf. »Wieso, werden Sie von Geistern verfolgt?«, fragte er neugierig.

»Nicht dass ich wüsste«, antwortete ich.

Die Frage des Buchhändlers sollte von diesem Moment an nie mehr aus meinem Leben verschwinden. Viele Menschen, die mich fragen, woher mein Interesse an der Parapsychologie komme, vermuten, dass es ein eindrückliches Erlebnis in meinem Leben gegeben haben müsse. Aber da ist nichts. Die mysteriöseste Erfahrung verbinde ich bis heute mit der internistischen Praxis meines Vaters. Ich muss etwa dreizehn Jahre alt gewesen sein und hatte Edgar Allen Poes Geschichte »Das verräterische Herz« gelesen. Es geht darin um eine unheimliche Mordgeschichte, in der eine Person umgebracht und unter dem Dielenboden verscharrt wird. Bald plagt den Mörder sein Gewissen, und er hört das Herz des Ermordeten schlagen. Er wird fast wahnsinnig, bis er den Mord schließlich gesteht.

Diese Geschichte hatte ich gelesen, und sie führte zum unheimlichsten Erlebnis, das ich bis heute hatte: In unserem Haus in Neustadt war zu wenig Platz, als dass jedes Kind ein eigenes Zimmer hätte haben können. Deshalb schlief ich im Esszimmer auf der Couch, die ich jeden Morgen räumen musste. Eines Nachts lag ich da, die Fensterläden waren geschlossen, es war stockdunkel. Irgendwann wachte ich auf und glaubte, laut und deutlich ein Herz schlagen zu hören: Bawumm, bawumm, bawumm. Es kam aus dem Wohnzimmer, das eine gemeinsame Wand mit dem Esszimmer hatte. Es war so deutlich und so laut, dass ich erst dachte: Ich muss träumen. Oder höre ich gerade mein eigenes Herz? Schließlich wurde ich richtig wach und konnte nicht mehr daran zweifeln, dass ich laut und vernehmlich das Schlagen eines menschlichen Herzens hörte. Ich bekam eine Riesenangst. Dennoch riss ich mich zusammen, stand auf und tappte durch das dunkle Zimmer zur Tür. Dann nahm ich meinen ganzen Mut zusammen, öffnete vorsichtig die Tür, huschte über den Flur und machte langsam die Tür zum Wohnzimmer auf. Und was sah ich? Meinen Vater, der am Tisch saß und arbeitete. Er hatte von einer Pharmafirma eine Schallplatte mit Herztönen zugeschickt bekommen. Es handelte sich um eine Lehrschallplatte, mit deren Hilfe man verschiedene Herztöne voneinander unterscheiden konnte. Er hatte sie so laut abgespielt, dass ich im Esszimmer davon wach wurde.

Obwohl ich es mir nun erklären konnte, war es für mich das Erlebnis, das mir den Weg in eine neue Welt eröffnen sollte.

Dem neugierigen Buchhändler von Neustadt im Schwarzwald erzählte ich allerdings nicht, dass ich für solche Erfahrungen seitdem offener war.

»Ich fürchte«, sagte er, »dass wir zur Parapsychologie nichts dahaben.« Er griff gleich nach einem der grünen Kataloge, in denen damals alle lieferbaren Bücher gelistet waren. Wir stießen lediglich auf fünf lieferbare Titel über Parapsychologie. Ich kaufte den günstigsten Band: *Parapsychologie. Die Wissenschaft von den okkulten Erscheinungen* von Hans Driesch.[4] Der Band war schmal, aber er enttäuschte mich nicht. Driesch war Professor für Philosophie in Leipzig gewesen und bereits verstorben. Als ich mehr über ihn erfuhr, stellte ich fest, dass er einer der Pioniere der Parapsychologie gewesen war und in ständigem Austausch mit berühmten

Forschern seines Faches in England und in Amerika gestanden hatte. Sein Buch, zusammen mit dem von Hans Bender, wurde zu einem Schlüsselerlebnis für mich. Die beiden Wissenschaftler wurden, wenn man so will, meine ersten beruflichen Idole. Sie schienen die wesentlichen Fragen des Lebens zu behandeln, wagten sich an Grenzen der Wissenschaft heran und wollten den Menschen helfen. Warum sollte ich nicht in ihre Fußstapfen treten?

Am naturwissenschaftlich-neusprachlichen Gymnasium in Neustadt wunderte sich niemand über mein aufkeimendes Interesse an der Parapsychologie. Wir trafen uns nach der Schule zu Arbeitskreisen, malten oder debattierten und fuhren sogar, als es schon auf das Abitur zuging, mit unserem Chemielehrer zum Chemischen Kolloquium der Universität Freiburg. Es war für alle selbstverständlich, dass man sich nicht nur für das Wissen interessierte, das im Lehrplan stand. Die Schule war damals, zumindest in meiner Erinnerung, eine große Spielwiese, auf der man alles erforschen durfte, wofür man sich interessierte. In der Abiturklasse waren wir auch nur fünfzehn Schüler. Zudem hatte ich in gewisser Weise »Narrenfreiheit«, weil meine Mathematiklehrerin zu dem Schluss gekommen war, dass sie mir nichts mehr beibringen könne, und mich vom Unterricht befreite. Während dieser Zeit durfte ich im Physikpraktikumsraum der Schule auf eigene Faust Experimente durchführen. Mein Vater musste lediglich unterschreiben, dass er für eventuelle Schäden aufkommen würde. Passiert ist nie etwas. Ich versuchte damals den relativistischen Massezuwachs von Elektronen nahe der Lichtgeschwindigkeit nachzuweisen, was mir jedoch nicht gelang. Es war gar keine Frage, dass ich Physik studieren wollte – aber eben nicht nur Physik.

Von der Skepsis, mit der die Naturwissenschaftler den Parapsychologen heute begegnen, war in den Sechziger-

und Siebzigerjahren des vorigen Jahrhunderts noch nicht so viel zu spüren. Im Gegenteil: Wenn man sich mit Psychologie oder Philosophie beschäftigte, war es fast zwangsläufig so, dass man sich auch mit der Parapsychologie auseinandersetzte.

4. KAPITEL:

Quantenphysik und Parapsychologie – Mein Lebensthema

In dieser Atmosphäre entwickelte sich mein Interesse für die Wissenschaft; die Vorträge im Chemischen Kolloquium der Universität Freiburg waren schlicht das Größte für mich. Es war die Zeit, in der Wissenschaftler für mich zu Vorbildern wurden, wie Rockstars. Ich las Albert Einsteins *Einführung in die Relativitätstheorie* so, wie andere Krimis lesen; *Die philosophischen Probleme der Physik* von dem Philosophen und Physiker Wolfgang Büchel[5] verschlang ich ebenso.

1966 machte ich das Abitur. Als Jahrgangsbester durfte ich bei der Abiturfeier vor meinen Mitschülern, dem Lehrerkollegium und den Eltern einen Vortrag halten. Für gewöhnlich ging es dabei um literarische Themen. Ich hielt dagegen einen naturwissenschaftlichen Vortrag mit dem Titel »Philosophische Probleme der Quantenphysik«. Darin ging es bereits um die Frage, die ich, kurz nach Rückkehr aus dem Urlaub, mit der Frau am Telefon diskutieren sollte, die mir von ihren Erlebnissen in der versunkenen Stadt berichtet.

Schon damals entstanden die Fragen in mir, die mich bis heute bewegen: Kann die Psyche auf die physikalische Umwelt wirken? Gibt es Analogien zwischen paranormalen Phänomenen und Phänomenen der Quantenphysik? Mit dieser Frage befasste sich auch meine erste wissenschaftliche Publikation, der über 200 weitere folgen sollten. Diese Arbeit mit dem Titel »Zum parapsychologischen Experiment – eine methodologische Skizze« wurde 1972 fertiggestellt, erschien aber erst 1974 in der *Zeitschrift für Parapsychologie und Grenzgebiete der Psychologie*, die Hans Bender 1957 gegründet hatte und zu deren Mitherausgebern ich zusammen mit meinem Freund und Kollegen, dem Psychologen und Historiker Eberhard Bauer, heute gehöre. Als Redakteur der Zeitschrift hatte dieser den Aufsatz dem damaligen Herausgeber Hans Bender empfohlen. Seit dieser Zeit treffen wir uns regelmäßig zu Arbeitssitzungen und sorgen dafür, dass die professionelle Parapsychologie in Deutschland nicht verschwindet – aber davon später.

In dieser ersten Publikation entwickelte ich ein Konzept, das meine ganze wissenschaftliche Arbeit begleiten sollte. Ich glaubte nicht, dass es möglich sei, die paranormalen Phänomene mithilfe der Physik allein zu verstehen, aber gegen die Physik dürfe eine Erklärung auch nicht verstoßen – doch wie sollte das gehen?

Meine Lösung bestand darin, nicht mit der Physik anzufangen und daraus die Psychologie »abzuleiten«, sondern nur die formalen Strukturen der (Quanten-)Physik auf die Psychologie zu übertragen, oder – genauer – nach Strukturen in der (Para-)Psychologie zu suchen, die eine quantenphysikalische Struktur aufweisen. Mir war schon damals klar, dass die grundlegende Struktur der Quantenphysik, nämlich die Komplementarität, von ganz allgemeinem Charakter und keineswegs auf die Physik beschränkt ist.

Genau dreißig Jahre später erschien eine grundlegende Arbeit von Harald Atmanspacher, Hartmann Römer und Harald Walach über die »Verallgemeinerte Quantentheorie« (»Weak Quantum Theory: Complementarity and Entanglement« in *Physics and Beyond*), die ich als eine der wichtigsten theoretischen Arbeiten der Parapsychologie bezeichnen möchte. Dem Ordinarius für theoretische Physik an der Universität Freiburg, Hartmann Römer, ist es in diesem Artikel gelungen, das mathematische Modell für die Idee, die ich 1972 aufgeschrieben hatte, zu formulieren. Für einen Wissenschaftler ist es etwas ganz Besonderes, wenn er erleben kann, dass seine Ideen auch von wirklich bedeutenden

»Geistern« aufgegriffen werden. Obwohl ich darauf dreißig Jahre warten musste, ist das für die Wissenschaft kein langer Zeitraum, wenn es um grundsätzliche Einsichten, sogenannte Paradigmen, geht. Schließlich hat es fast hundert Jahre gedauert bis man in der Physik einigermaßen verstanden hat, was die Entdeckung des Energiequantums durch Max Planck eigentlich bedeutet.

Nebenbei sei erwähnt, dass ich bereits in dieser ersten Arbeit darauf hingewiesen habe, dass die Quantenphysik keine direkte Erklärung für die paranormalen Phänomene liefern kann. Seit Jahren wird mir von einigen Autoren unterstellt, ich würde das Gegenteil behaupten.[6]

Ohne es zu wissen, lag ich damals mit meiner Idee, die Parapsychologie mit der Quantenphysik zu verbinden, gewissermaßen im Trend. Es hatte zwar schon einige frühere Versuche gegeben, gemeinsame Strukturen in Physik und Psychologie zu finden,[7] dabei spielte die Parapsychologie jedoch eine untergeordnete Rolle. 1974 ging die wissenschaftliche Debatte aber richtig los. In Genf fand eine internationale Tagung mit dem irritierenden und anspruchsvollen Titel »Quantenphysik und Parapsychologie« statt. Sie wurde von der »Parapsychology Foundation«, einer amerikanischen Privatstiftung, äußerst großzügig gesponsert und organisiert.[8] Die Idee dabei war, führende Experimentatoren der Parapsychologie mit führenden theoretischen Physikern zusammenzubringen, um herauszufinden, ob es innerhalb der Physik nicht ein paar »Schlupflöcher« für die parapsychologischen Phänomene geben könnte – sodass man wenigstens sagen könnte, die Parapsychologie stehe nicht in absolutem Widerspruch zu den bekannten Naturgesetzen. Der britische Physiknobelpreisträger von 1973, Brian Josephson, schrieb dazu später: »Parapsychische Phänomene scheinen einige unserer Annahmen über Raum, Zeit und Kausalität zu verletzen, aber dies ist, wie einige Autoren in diesem Band ausführen, auch mit der Quantenphysik der Fall. Daher ist es nicht zu weit hergeholt, wenn man sagt: Wären parapsychologische Phänomene nicht experimentell gefunden worden, hätten sie durch einen ideenreichen Theoretiker vorhergesagt werden können.«[9] Seit der Genfer Tagung werden in der Parapsychologie eine Reihe von theoretischen Ansätzen diskutiert, bei denen im Gegensatz zu früheren »Theorien« die experimentelle Überprüfbarkeit im Vordergrund steht. Diese als »Observational Theories« bezeichneten Modelle zeigen eine Reihe typischer Gemeinsamkeiten und erlauben spezifische Aussagen zu folgenden Fragen:

1. Welche paranormalen Phänomene können erklärt werden?
2. Können auch Spuk-Phänomene beschrieben werden? (Größe und Reichweite paranormaler Effekte)
3. Kann das Modell die merkwürdige Flüchtigkeit (Elusivität) paranormaler Phänomene erklären? (Zuverlässigkeit der Effekte)
4. Können paranormale »Fähigkeiten« erlernt oder trainiert werden? (praktische Anwendung paranormaler Effekte).

Grundsätzlich gehen alle Modelle, die damals diskutiert wurden, von der Annahme aus, dass die paranormalen Phänomene den Gesetzen der Physik nicht prinzipiell widersprechen, sondern lediglich als »schwache Verletzung« der bestehenden physikalischen Theorien angesehen werden müssen. In jedem Falle kann ein »Korrespondenzprinzip« formuliert werden, das ein Kriterium dafür liefert, unter welchen Bedingungen die »normale« Physik gilt bzw. verlassen wird. Allerdings kommt – meiner Ansicht nach – bei den meisten dieser Modelle die Psychologie zu kurz, sie sind zu »physikalistisch« (siehe Anmerkung 5). Eine weitere

Charakteristik der diskutierten Modelle besteht in der herausragenden Bedeutung des »Beobachters«, der die paranormalen Phänomene durch seine Beobachtung »erzeugt«. Schließlich wird in allen diesen Modellen angenommen, dass paranormale Effekte nur bei »echten Zufallsprozessen« auftreten können. Es stellte sich heraus, dass diese neuen Ansätze nicht nur qualitative Aussagen zuließen, sondern sie erlaubten auch quantitative Voraussagen in Bezug auf experimentelle Resultate, die sich teilweise später als richtig herausstellten. Ich selbst habe bei einer späteren internationalen Tagung in Cambridge 1982[10] eine Gesetzmäßigkeit für statistische parapsychologische Experimente vorausgesagt, die erst wesentlich später, nämlich 2006, bei einer umfangreichen Datenanalyse bestätigt wurde.[11]

Ich hatte es dem Einfluss von Hans Bender zu verdanken, dass ich zusammen mit meinem Freund Eberhard Bauer bei dieser wichtigen internationalen Tagung 1974 in Genf als Beobachter eingeladen worden war, obwohl ich damals weder in der Physik noch in der Parapsychologie einen Namen hatte. Aber ich habe in meiner Begeisterung die Gelegenheit beim Schopfe ergriffen und gleich heftig mitdiskutiert. Für mich war es eine Premiere, und ich lernte damals alle wichtigen Wissenschaftler auf diesem interessanten Forschungsgebiet kennen.

5. Kapitel:

Wer wendet sich an eine Parapsychologische Beratungsstelle?

Nachdem ich mit meiner Mitarbeiterin in der Hildastraße alles besprochen habe, was während meines Urlaubs geschehen ist, ziehe ich mich in mein Büro zurück und sichte in Ruhe alle Mails, die in den vergangenen vierzehn Tagen in der Beratungsstelle angekommen sind.

Im Lauf der Jahre habe ich gelernt, dass man die Absender in Typen einteilen kann. Ein Typus zum Beispiel erzählt nicht nur von einem seltsamen Erlebnis, sondern gleich sein ganzes Leben, das bereits seit der Kindheit von paranormalen Erlebnissen beeinflusst sei. Ein weiterer recht häufig vorkommender Typus berichtet mir von Fremdbeeinflussungen: Ein fremdes »Etwas« mache sich gedanklich oder körperlich an ihm zu schaffen und erzeuge einen schlimmen Leidensdruck. Dann gibt es Menschen, die Testbriefe schreiben. Sie fragen vordergründig nach Informationen, wollen aber in Wahrheit nur meine Reaktion und Kompetenz auf dem Fachgebiet testen. Meine frühere Assistentin, die Sozialpädagogin und Soziologin Frauke Zahradnik, die über zehn Jahre in der Beratungsstelle mitarbeitete, hat diese verschiedenen Typen im Rahmen ihrer Doktorarbeit entdeckt, indem sie mehrere Tausend Briefe ausgewertet hat, die im Lauf der Jahre in der Beratungsstelle eingegangen waren. Über die Briefe jener, die mich testen wollen, schreibt Frau Zahradnik[12]: »Manche dieser Briefe sind voller Andeutungen, dass man dieses oder jenes erlebt habe. Der Berater wird versteckt dazu aufgefordert, sein Interesse an diesem Erlebnis zu bekunden. Dies geschieht auch bei Briefen, welche die Eigendarstellung des Briefschreibers zum Thema haben. So gibt es Briefe, in welchen sich Briefschreiber selbst als Person darstellen oder ihre eigenen Ansichten/Arbeiten zum Thema ›Parapsychologie‹ darlegen.«

Einige Briefe dieser Art wimmeln von geheimnisvollen Anspielungen, zum Beispiel »die Einblicke, die ich bekommen habe, dürften Sie interessieren«.

Eine Reihe von Briefen dieser Art zeichnet sich durch überhebliches Auftreten aus. Hierfür soll das Beispiel eines Briefschreibers angeführt werden, der auf unseren Standardbrief, der den Vorschlag beinhaltet, sich telefonisch mit der Beratungsstelle in Verbindung zu setzen, wenn Gesprächsbedarf bestehe, in einem weiteren Schreiben Folgendes antwortete:

> Als jemand, der sich den Luxus der Unerreichbarkeit leistet, habe ich weder einen Festanschluss noch ein Handy. Dass ich aufgrund Ihres Schreibens spontan in eine Telefonzelle laufe, um Sie während Ihrer Sprechstunden anzurufen, werden Sie sicher nicht erwarten.

Die Arbeit in der Parapsychologischen Beratungsstelle dreht sich nur bei jedem zehnten Fall um die Aufklärung oder Interpretation unheimlicher Phänomene. Immer wieder bin ich Adressat seltsamer Ideen oder werde gewarnt, ich solle es mit meinem Tun nicht zu weit treiben. Ein Briefschreiber zum Beispiel versicherte mir, er sei der Messias:

> Werte Damen und Herren,
>
> mit diesem Schreiben darf ich zur Kenntnis geben und Ihnen mitteilen, dass ich alle Glaubensgemeinschaften, die dem Christlichen zugetan sind, sowie kath. Kirche und ev. Kirche, die Juden in Deutschland und Israel vor der Staatsanwaltschaft Mannheim angezeigt habe. Die Anzeige lautet: »Täuschung, Verdummung und vorsätzlicher Mord an der Erdbevölkerung.«

»Das neue Testament in meinem Blut« ist nach heutiger Erkenntnis die Parapsychologie. Die »Astro-Woche« hat Nostradamus neu übersetzt. Dieser schreibt, dass Christus zum Ende des Zeitalters der Fische den Menschen seine Lehre vermitteln wird. Die Kirchen haben meine Parusie nicht anerkannt, somit habe ich nun »Grünes Licht«, diese Menschheit in die ewige Verdammnis eingehen zu lassen. Ich kann nur die Menschen davor bewahren, die sich meine Lehre erfahrbar gemacht haben. Hellsehen, Wahrsagen, Gedankenlesen, Geistheilen, Reisen der Seele ohne Körper, den Eintritt in die 4. Dimension. Das von Martin Luther ins Deutsche übersetzte Evangelium ist das Lehrbuch zur Parapsychologie. Dies wurde leider von den Kirchen nicht erkannt. Somit kann ich nur einen kleinen Bestand an Seelen ins Paradies eingehen lassen. (...)
C. M. alias Jesus Christus

Einen erheblichen Teil der Post, die mich erreicht, machen Informationsanfragen, Interview-Wünsche oder Anfragen nach Vorträgen aus. Sehr häufig kontaktieren mich Eltern, die ihre Kinder beim Gläserrücken oder anderen okkulten Praktiken ertappt haben.[13]

Manche Menschen erzählen mir auch von Außerirdischen, die nachts in ihrem Vorgarten gelandet seien. Wieder andere melden sich, weil ich ihnen erklären soll, wie genau Feng Shui oder alternative Heilmethoden funktionieren – ihre Anfragen haben mit meinem Wissensbereich also nur ganz am Rande zu tun. Dennoch: Zu den meisten Themen kann ich Aufklärendes sagen.[14]

Geforscht aber habe ich vor allem zu parapsychologischen Fragen, um genauer zu sein: zum Spuk.[15]

Deshalb freue ich mich immer besonders über Briefe und Mails, die von einem ganz bestimmten Typus Mensch geschrieben sind. Wenn Menschen wirklich von einem spontanen Spukerlebnis oder einer Erfahrung berichten, die sich in einem ganz bestimmten Lebensabschnitt zutrug, interessiere ich mich besonders. Frauke Zahradnik hat die Briefe solcher Menschen als »sachliche Berichte in dokumentarischer Form, mit detaillierter Darstellung« beschrieben. Diese Briefe sind sauber gegliedert, haben eine Betreffzeile, eine freundliche Anrede, eine Einleitung, dann die Erlebnisschilderung, und schließlich knüpft sich eine Frage an mich an. »Der Umgangston in diesen Briefen ist meist sehr höflich. (...) Häufig taucht der Satz auf: *›Ich bin froh, dass es so eine Einrichtung wie Ihre gibt‹*«, schreibt Frau Zahradnik nach ihrer Analyse der Briefe. Und weiter: »Bemerkenswert ist, dass diese Erlebnisse wie klassische Gespenstergeschichten dargestellt werden.«

Diese Beschreibung passt ziemlich genau auf den ersten Brief, den ich nach meiner Rückkehr aus dem Urlaub gelesen habe. Eine Frau wird von Stimmen geweckt. Die Tochter, der Mann und auch sie selbst sehen einen Mann im Overall durch die Wohnung laufen, der einfach in der Wand verschwindet. Es kommt jemand zu Besuch, der nachts einen Menschen auf dem Sofa sitzen sieht.

Ich wähle die Nummer, die auf dem Briefbogen steht, und überfliege, während das Freizeichen ertönt, noch einmal den Brief, die Schrift, den Stil. Alles wirkt sehr seriös, sehr klar. Gerade die Menschen, die besonders klar und strukturiert wirken, melden sich sehr vorsichtig bei mir: »Guten Tag, ich weiß gar nicht, ob ich bei Ihnen richtig bin.« Oder sie sagen: »Bitte halten Sie mich jetzt nicht für verrückt!« Sie entschuldigen sich als Erstes dafür, dass sie anrufen. Für mich ist das wie eine Vergewisserung, weil niemand, der sich einen Scherz erlauben will, so redet. Ehrliche Menschen, die etwas Unerklärliches erlebt haben, erzählen meistens nur verhalten. Sie erzählen vorsichtig, weil sie am liebsten gar nicht über ihre Erlebnisse sprechen möchten.[16]

Vielleicht erklärt das ein wenig, warum sich mehr Frauen bei mir melden als Männer. Frauen sind eher bereit – so meine Erfahrung –, sich auszutauschen. Sie sprechen offener über ihre Erlebnisse. Männer sind es nicht gewohnt, über Gefühle und über Unergründliches zu reden. Das gilt im Alltag ebenso wie im Umgang mit paranormalen Erlebnissen.

»Ja, hallo?«, meldet sich eine sanfte Frauenstimme.

»Hier spricht Walter von Lucadou von der Parapsych…«

»Sind Sie der Spukforscher?«, antwortet die Frau schnell, aber bestimmt. Ich höre ihrer Stimme an, dass sie sich innerlich zu wappnen scheint. Oft verhalten sich die Menschen am Telefon mir gegenüber sehr förmlich, so als hätten sie es mit einer Behörde zu tun. Sie sind sehr aufmerksam.

»Ja, das bin ich. Ich melde mich wegen Ihres eindrucksvollen Briefes.«

»Ja, ja. Einen Moment bitte. Ich gehe aus dem Flur ins Wohnzimmer, damit ich besser reden kann.« Eine kurze Pause, dann beginnt sie wieder zu sprechen und erzählt mir noch einmal detailliert, was sich bei ihr zugetragen hat. »Was steckt aus Ihrer Sicht dahinter?«, fragt sie schließlich und fügt etwas leiser hinzu: »Bin ich verrückt?«

»Nein, das glaube ich nicht, keine Sorge. So unglaublich es klingt – aber das, was Sie beschreiben, ist auch anderen Menschen schon widerfahren.«

»Wirklich?« Ihre Stimme klingt erst ungläubig, dann aber erleichtert.

»Stört es Sie, wenn ich ein bisschen aushole?«, frage ich. »Leider kann ich Ihren Brief nicht mit einem Satz beantworten.«

6. KAPITEL:

Erscheinungen – Nur Kino im Kopf?

»Aber nein«, sagt die Frau, und ich erzähle ihr von der *Society for Psychical Research*, der Gesellschaft für psychische Forschung in London. Sie wurde 1882 ins Leben gerufen. Viele Menschen beschäftigten sich in England damals mit Gedankenübertragung, Hypnose und Trancezuständen, sie diskutierten über die Existenz von Geisterhäusern oder darüber, was hinter Spukerscheinungen stecken könnte. Doch vor allem die Begeisterung der Londoner Gesellschaft für Séancen, bei denen die Menschen versuchten, Kontakt mit dem Jenseits aufzunehmen, weckte das Interesse der Wissenschaft. Das Interesse am Paranormalen war auf der britischen Insel weit verbreitet, und die Wissenschaftler wollten wissen: Was steckt dahinter?

Sie organisierten die damals umfangreiche Repräsentativumfrage der Psychologie, den »Census of Hallucinations«.[17]

Die Umfrage dauerte mehrere Jahre. Menschen aus ganz England wurden befragt, ob sie jemals einen Spuk oder Erscheinungen erlebt oder ob sie schon einmal einen Wahrtraum gehabt hätten?

Die Untersuchung war insofern bemerkenswert, als man zum Beispiel alle Berichte von sogenannten »spontanen Erscheinungen« bis dahin nicht ernst genommen hatte. Wer von Spukphänomenen berichtete, musste sich Lüge oder Täuschung oder eine psychische Erkrankung vorwerfen lassen. Erst mit dem »Census of Hallucinations« wurde klar, dass Erlebnisse, die man als paranormale Phänomene deuten kann, viel weiter verbreitet sind, als die Menschen bis dahin angenommen hatten. Man fand heraus, dass circa zehn Prozent der Bevölkerung schon einmal etwas erlebt hatten, das sie sich nicht erklären konnten.

Viele Menschen, die von spontanen Erscheinungen berichteten, wurden bis dahin als schizophren diagnostiziert. Aber nur etwa ein Prozent der Bevölkerung leidet in der einen oder anderen Form an einer Schizophrenie. Schizophrenie ist also nicht geeignet, die Erlebnisse der zehn Prozent zu erklären. Und selbst wenn man andere psychische Erkrankungen miteinbezieht, bei denen Menschen von seltsamen Erlebnissen berichteten – man könnte auch damit die zehn Prozent nicht erklären. Es ist unmöglich, dass im England des ausgehenden 19. Jahrhunderts mehr als zehn Prozent der Bevölkerung unter psychischen Erkrankungen litten, die ihre Wahrnehmung derart beeinflussten. Das heißt im Klartext: Die Wissenschaftler verstanden mit dem »Census of Hallucinations«, dass paranormale Phänomene nicht nur von psychisch Kranken erlebt werden. So einfach es klingt: Es war ein großer wissenschaftlicher Fortschritt, herauszufinden, dass solche Erscheinungen nicht nur bei psychisch Erkrankten vorkommen.

»Sie befinden sich demnach in guter Gesellschaft«, sage ich der Frau am anderen Ende der Leitung.

Sie scheint nachzudenken. »Wie aber erklären Sie sich, dass bei uns die ganze Familie von den Erscheinungen berichtet?«

Ich nicke. »Eine wichtige Frage. Man sah auch im ›Census of Hallucinations‹, dass Menschen unabhängig voneinander dieselbe Erscheinung hatten. Daraufhin diskutierten die Forscher, ob es so etwas wie *kollektive Halluzinationen* geben könnte, bei denen mehrere Leute die gleichen Bilder sehen. Oder lag vielleicht eine Erinnerungstäuschung vor, bei der die Menschen einander ihre Erlebnisse erzählen und im Erzählen fremde und eigene Erlebnisse mischen?«

»Ich glaube nicht, dass das bei uns der Fall war …«, sagt sie zögernd.

»Kennen Sie die Situation, kurz nachdem etwas Besonderes passiert ist?«, unterbreche ich sie sanft. »Ein Auffahrunfall vielleicht?«

»Einmal hatte ich einen. Man kann kaum glauben, dass einem das gerade passiert ist.«

»Man hat Mühe, das Ereignis zu rekonstruieren, nicht wahr? Den Zeugen eines Unfalls geht es oft so. Wenn sie einander den Ablauf des Ereignisses erzählen, geraten sie teilweise ins Schleudern.«

»Weil man sich plötzlich nicht mehr genau erinnert, ob die Ampel noch grün war …«

»Oder ob da nun eine Geschwindigkeitsbegrenzung angezeigt war oder nicht.«

Polizisten kennen das Phänomen, wenn sie zwei Zeugen miteinander und nicht getrennt voneinander befragen. Der eine lauscht den Erinnerungen des anderen und umgekehrt. Sie nähern sich oft an in ihrer Beschreibung. Sie füllen gegenseitig, ganz unbewusst, die Erinnerungslücken des jeweils anderen und kommen bisweilen zu einer gemeinsamen Version der Ereignisse.

»Bald ergibt sich ein vollkommen logischer Ablauf des Unfalls, der sich aus den beiden Zeugenaussagen speist«, erkläre ich der Frau. »Aber die Frage ist: Haben die beiden auch wirklich dasselbe gesehen?«

»Sie misstrauen meinen Schilderungen insgeheim doch, Herr von Lucadou, oder?« Ihre Stimme klingt nicht empört, eher ermattet.

»Ich will Ihnen klarmachen«, setze ich vorsichtig an, um ihr Vertrauen nicht zu verlieren, »dass ein einzelner Mensch die Welt nicht in ihrem gesamten Zusammenhang wahrnehmen kann.«

Dann erkläre ich ihr, dass der Mensch immer nur Teile dessen erlebt, was um ihn herum geschieht. Natürlich denken wir, wir wüssten über alles Bescheid. In Wahrheit aber belügen wir uns selbst und stiften aus den wenigen Informationen, die uns im Alltag zur Verfügung stehen, schnell einen Sinn. Wir sind Meister im Interpretieren, im Kombinieren, im Sinnstiften.

Tatsächlich ist die Information, die unser Gehirn pro Sekunde verarbeiten kann, relativ klein – Psychologen sprechen von sieben Chunks pro Sekunde. »Chunks« sind Sinneinheiten, im einfachsten Falle eine Ja-Nein-Entscheidung, also ein Bit. Ein Schüler, der gerade erst lesen lernt, braucht daher viel Zeit für jedes Wort, weil jeder Buchstabe für sich ein Chunk darstellt. Für geübte Leser dagegen ist das ganze Wort ein Chunk, manchmal sogar ein ganzer Satz. Dadurch entsteht der Eindruck, als könnten wir sehr viel Information pro Sekunde aufnehmen. Das gilt jedoch nur für bereits bekannte Information. Paranormale Erfahrungen stellen aber definitionsgemäß unbekannte und neue Information dar; deshalb muss sie erst in »Bekanntes« umgewandelt werden. Ich nenne dies eine »Einkleidung«. Vorstellungen von Geistern und Gespenstern sind daher ein Verfahren unseres Bewusstseins, um Unbegreifbares »begreifbar« zu machen. Nur so können wir verstehen, dass trotz der relativ geringen Verarbeitungskapazität unseres Gehirns ein vollkommen lückenloser Strom der Wahrnehmung zustande kommt, ohne dass das Wahrgenommene »ruckelt« wie bei einem gestörten Fernsehbild. Der Psychologieprofessor Paul Tholey hat hierfür den Begriff der »mentalen Repräsentation« geprägt. Wir nehmen die Welt also nicht so wahr, wie sie wirklich ist, sondern erleben nur »Kino im Kopf«. Allerdings leben wir dennoch nicht vollständig in einer fiktionalen Welt, weil die Repräsentation durch unsere Sinnesorgane ständig »upgedated« wird, um den Computerjargon zu bemühen.[18]

Stellen wir uns eine Erscheinung vor – einen Schatten, einen Umriss, eine Bewegung aus den Augenwinkeln. Diese Bewegung, diese flüchtige Wahrnehmung muss für sich genommen keinen Sinn ergeben. In unserem Gehirn kommt aber sofort ein Prozess in Gang, der dafür sorgt, dass das Gesehene zu einem Bild oder zu einer Geschichte vervollständigt wird, die wir interpretieren können. Bei optischen Täuschungen ist es ähnlich: Unser Gehirn neigt dazu, aus allen Umrissen eine Gestalt zu machen. Deshalb nennen wir dieses Phänomen »Gestaltwahrnehmung«. Wenn wir eine Weile in die Wolken schauen oder in ein Astwerk, dann sehen wir bald irgendwelche Gestalten – und meistens sind es sogar menschliche Gestalten.

In den Briefen an die Parapsychologische Beratungsstelle stecken immer wieder Fotos von »Ufos« zum Beispiel oder auch von extremen Wolkenformationen, in denen die Absender zum Beispiel Gesichter sehen. Ich muss regelmäßig nachfragen, was genau ich auf dem Bild sehen soll, wo sich ein Geist oder eine Gestalt verbirgt, denn auf den ersten Blick ist so etwas nicht gerade offensichtlich. Dann leiten mich die Absender an: »Schauen Sie, da, unter dem Baum, sieht man das Licht.« Oder: »Links, in der Wolke, da ist die Nase, darüber sehen Sie ein Auge.«

Mit der entsprechenden Hilfe kann ich die Gesichter oder Gestalten dann auch tatsächlich sehen. Das ist wieder Gestaltwahrnehmung: Das Gehirn nimmt ein Puzzlestück der Wirklichkeit als Grundlage für eine umfassende Interpretation. Das stellt mich im Beratungsalltag vor Probleme. Wann ist eine Geschichte oder eine Beobachtung glaubwürdig? Die Erinnerung ist gerade in Zusammenhang mit paranormalen Phänomenen nicht besonders zuverlässig. Die Ereignisse sind meistens kurzzeitig und in aller Regel unwahrscheinlich. Es gibt im Gehirn keine Schublade, in der solche Wahrnehmungen sicher verstaut wären.

Was heißt das für meine Arbeit? Sind mein Briefkasten und mein Mail-Account möglicherweise voll mit Berichten von Menschen, die sich die Wirklichkeit falsch zurechtreimen?

Mein holländischer Kollege und Freund, der Psychologe und Ingenieur Sybo Schouten von der Universität Utrecht, wo ich zwei Jahre als Gastprofessor gelehrt und geforscht habe, hat in mühevoller Arbeit eine Vielzahl von wissenschaftlichen Arbeiten, in denen paranormale Phänomene berichtet werden, auf die am wenigsten glaubwürdigen Zeugen hin untersucht.[19]

Man weiß aus der Psychologie, dass es bei allen Ereignissen einen bestimmten Prozentsatz an Zeugen gibt, die sich in ihrer Erinnerung Erlebnisse zusammenreimen, normale Vorgänge falsch interpretieren, sich täuschen oder abergläubisch sind und deshalb vermehrt zu paranormalen Erklärungen neigen. Schouten fragte sich: Kann es sein, dass allein diese Personengruppe für die Schilderung der paranormalen Phänomene verantwortlich ist? Das Ergebnis der Untersuchung zeigt, dass die Zahl der in der Literatur notierten paranormalen Phänomene unmöglich allein mit den Berichten der Menschen zu erklären ist, die zu paranormalen Erklärungen neigen.

»Also ist Ihre ›Gestaltwahrnehmung‹ oder diese ›Einkleidung‹ die Erklärung für unsere Erlebnisse?«, fragt die Frau am Telefon jetzt.

»Nun, es ist ein denkbarer Ansatz. Können Sie denn etwas damit anfangen?«

»Wissen Sie, ich hätte Ihnen ja wahrscheinlich gar nicht geschrieben, wenn ich mir nicht so sicher gewesen wäre, dass das, was ich erlebt habe, wirklich passiert ist. Bei dem geringsten Zweifel hätte ich die Sache für mich behalten. Und jetzt – zweifle ich doch an mir selbst.«

»Darum geht es mir nicht«, versuche ich sie zu beruhigen. »Ich zweifle nicht an Ihnen. Was Sie schreiben und berichten, ist ja stimmig. Was ich Ihnen anbiete, ist eine mögliche Erklärung. Allein das Wissen, dass es so etwas wie Gestaltwahrnehmung gibt, ist vielleicht geeignet, Ihnen ein bisschen von der Furcht zu nehmen, die Sie mit den Ereignissen verbinden, oder?«

»Vielleicht. Ja.« Die Frau wird still. »Durchaus möglich ...«

»Wissen Sie«, fahre ich fort, um ihr klarzumachen, wo mir in der Beratung Grenzen gesetzt sind, »durch die Natur der Erscheinungen ist es unmöglich, Ihnen einen Beweis dafür zu liefern. Selbst wenn ich Sie besuchen würde, würde ich sehr wahrscheinlich auch nicht mehr erfahren. Ich kann Ihren Moment des Erlebens nicht mehr nachvollziehen, denn der ist vorbei. Ich kann Ihnen nur eine mögliche Rekonstruktion anbieten. Mehr nicht.«

Niemand kann bei Erscheinungen, erkläre ich schließlich weiter, und bei anderen Phänomenen mit letzter Sicherheit ausschließen, dass es nicht auch andere Ursachen gibt. Der Physiker Wilhelm Konrad Röntgen hat durch Zufall in seinem Labor Fotoplatten entdeckt, auf denen merkwürdige Schlieren zu sehen waren, die, an und für sich, nichts gezeigt haben. Die plausibelste Erklärung für diese Schlieren war für Röntgen zu diesem Zeitpunkt ein Herstellungsfehler. Fotoplatten wurden zu seinen Lebzeiten noch von Hand hergestellt: Man trug eine spezielle Emulsion auf die Platten auf, die dann trocknete. Es konnte vorkommen, dass die Dunkelkammer nicht ganz abgedichtet war und dass somit ein wenig Licht auf die Platten fiel – eine denkbare Ursache für die Schlieren. Es konnte aber genauso gut sein, dass die Emulsion nicht richtig gleichmäßig gearbeitet war; ein Herstellungsfehler bei der Produktion der Fotoplatten war ebenfalls eine mögliche Erklärung für die Schlieren. Aber Röntgen war mit beiden Erklärungsmodellen nicht so recht zufrieden. Er untersuchte die Schlieren immer wieder neu und führte sie schließlich auf seine Kathodenstrahlexperimente zurück, bei denen Röntgenstrahlen entstanden. Seine Neugierde und seine Beharrlichkeit brachten ihn auf die Spur eines vollkommen neuen Effekts, für den er schließlich den Nobelpreis bekam.

»Und was hat Röntgen nun mit meinem Fall zu tun?«, fragt die Frau am Telefon.

»Es ist wie bei Röntgen und den Strahlen, die er entdeckt hat: Ich schließe nicht aus, dass es neben der Gestaltwahrnehmung noch einen anderen Effekt gibt, den wir heute noch nicht verstehen.«

Gerade lese ich die Notiz von vorhin, »hypnagoger Zustand«, als sie fragt: »Und was ist mit den Schreien in der Nacht? Die können doch nichts mit Gestaltwahrnehmung zu tun haben, oder?«

Jedes Beratungsgespräch läuft anders ab. Jeder Mensch braucht unter Umständen eine andere Antwort, auch wenn das, was man vermitteln will, dasselbe ist. Wenn mich eine Frau anruft, die mir erzählt, dass ihr verstorbener Mann sie tagein tagaus begleitet und dass ihr seine Gegenwart sogar angenehm sei, werde ich nicht mit allen Mitteln versuchen, ihr das Gegenteil zu beweisen. Wenn die Frau dagegen sagt, ihr Mann spuke noch durchs Haus und richte Durcheinander an und sie habe zu Lebzeiten ständig im Streit mit ihm gelebt, so werde ich sie aufklären. Jeder Anrufer sucht eine andere Botschaft. Die Frau mit der Overallgeschichte will sich, so scheint es mir, ausführlich informieren. Sie will Gewissheit tanken – die Gewissheit, dass alles, was ihr widerfahren ist, durchaus erklärt werden kann.

»Moment«, sage ich, als sie mich nach den Schreien am Bettrand fragt. »Ich habe nicht so wahnsinnig viel Zeit, will

Ihnen aber noch schnell zwei Fälle raussuchen, die Ihrem nicht ganz unähnlich sind.« Ich lege den Telefonhörer kurz zur Seite und suche im Regal nach einem ganz bestimmten Ordner, weil ich alle Fälle archiviere.

»Hören Sie?«, sage ich, als ich mit einem Ordner in der Hand ans Telefon zurückkomme. »Ich lese Ihnen zwei Fälle vor.«

Obwohl ich zu den Skeptikern zähle und versuche, alles zunächst nicht Erklärbare von allen Seiten zu durchleuchten und zu erforschen, hatte ich dennoch eines Tages ein für mich unerklärliches Erlebnis.

Ich ging eines Abends vor meinem Mann ins Bett. Er sah im Wohnzimmer fern, während ich im dunklen Schlafzimmer müde im Bett lag und gerade im Begriff war, einzuschlafen.

Da hörte ich Schritte am Bettrand, zu meinen Füßen, und setzte mich langsam auf. Ich sah in diese Richtung. Durch das Mondlicht war das Zimmer hell genug, dass ich alles sehen konnte. Ich sah niemanden, dennoch waren die Schritte auf dem Teppichboden wahrzunehmen. Hellwach und fröstelnd kroch ich nach vorn, um zu sehen, ob mein Mann mir einen Streich spielte. Aber außer den Möbeln und dem beigen Teppichboden sah ich absolut nichts und niemanden. Die Schritte bewegten sich zur Bettseite meines Mannes. Sie kamen zum Stehen. Es war kühl, und ich fühlte mich beobachtet. Ich schaute nach oben, in etwa auf Augenhöhe der nicht zu sehenden Person. Nichts geschah.

Nachdem der ganze Spuk vorbei war, ging ich ins Wohnzimmer und sah meinen Mann auf der Couch sitzen. Wäre er im Schlafzimmer aktiv gewesen, so hätte ich ihn sehen müssen, da er ein großer und – vor allem in unserem sehr kleinen Schlafzimmer – nicht zu übersehender Mann ist. Des Weiteren hätte ich, da ich direkt neben der Tür lag, unweigerlich mitbekommen, wenn diese sich geöffnet oder geschlossen hätte.

Das zweite Erlebnis ereignete sich in einer anderen Nacht auf einem relativ alten Kreuzfahrtschiff in Griechenland. Mein Mann und ich hatten eine kleine Zweibett-Außenkabine. In der Kabine sah man gleich neben der Badezimmertür einen weißen Einbauschrank, daneben ein Bett mit Nachtkästchen. Gegenüber davon befand sich ein weiteres Nachtkästchen und das Bett, in dem ich schlief. Dazwischen ließ ein Bullauge etwas Mondlicht in das Zimmer scheinen.

Mitten in der Nacht wurde ich wach und schaute, nachdem ich die Augen geöffnet hatte, direkt in ein dunkles Gesicht. Der Abstand zu meinem Gesicht war extrem gering. Ich rief mehrmals meinen Mann, da ich davon ausging, dass er es war, der sich über mich beugte. Doch während ich immer wieder seinen Namen rief, bewegte sich der dunkle Körper, der wie ein Schatten wirkte, langsam rückwärts in Richtung Einbauschrank. Mir war kalt, ich fröstelte und saß hellwach in meinem Bett, als ich meinen schnarchenden Mann im gegenüberliegenden Bett liegen sah.

Ich rief wieder den Namen meines Mannes und schaute zwischen ihm und der sich langsam von unten auflösenden schattigen Gestalt hin und her. Ich fühlte mich nicht bedroht. Vielmehr hatte ich das Gefühl, dieses Etwas erschreckt zu haben. Außer mir und meinem Mann war definitiv keine weitere Person im Raum. Durch das Mondlicht und meinen absolut wachen Zustand konnte ich alles genau sehen und wahrnehmen. Die dunkle, langsam verschwindende Gestalt hob sich schließlich vor dem weißen Einbauschrank deutlich ab. Eine Sinnestäuschung war auszuschließen. Ich erkannte, dass das, was ich gerade erlebte, tatsächlich passierte. Jeder Erklärungsversuch in Bezug auf das Geschehene endete immer beim gleichen Ergebnis.

Es scheint etwas zu geben, was der menschliche Verstand noch nicht zu erklären vermag. Es ist schwierig, die Erlebnisse detailgetreu wiederzugeben – einschließlich der Beschreibung bezüglich der empfundenen Gefühle. Die Geschehnisse waren so prägnant, dass der bloße Gedanke daran bei mir immer wieder einen detaillierten Film des Erlebten im Kopf ablaufen lässt. Es ist nichts dazugedichtet. Ich möchte mich auch nicht wichtigmachen; vielmehr bewegt mich die Frage nach einer Erklärung für das Erlebte.

»Sind Sie noch da?«, frage ich.

»Bitte lesen Sie weiter«, sagt die Frau.

Sehr geehrte Damen und Herren,

ich bitte, wenn möglich, um eine hilfreiche Erklärung, um Rat und um einen Literaturhinweis für nachfolgende Erlebnisse:

Seit circa acht Monaten werde ich im Abstand von vier bis sechs Wochen nachts mit meinem Vornamen angesprochen und gleichzeitig an der Schulter gerüttelt. Vor 14 Tagen hat sich dieses Erlebnis intensiviert: Erstmals hat sich dieses Wesen neben mich auf den Bettrand gesetzt und mich mit meinem Namen angesprochen.

Erwacht bin ich durch den Gewichtseindruck, den ein sich Niedersetzender normalerweise auf Bettzeug und Matratze ausübt. Ich war dadurch aufgewacht, sodass ich die Nennung meines Namens bereits im Wachzustand hören konnte. Meine eigenen Überlegungen für dieses Phänomen erheben nicht unbedingt den Anspruch auf Zusammenhang und Objektivität. Aber: Vor einigen Jahren hatte ich mit meinem älteren Bruder eine herzliche Aussprache, in deren Verlauf er mir ein zukunftsweisendes Versprechen gab. Einige Zeit danach erkrankte mein Bruder ernsthaft und starb im Krankenhaus.

Von seinem längeren Aufenthalt im Krankenhaus und von seinem Tod habe ich erst nach seinem Ableben erfahren – und zwar ohne Erklärung bis auf den heutigen Tag.

Sagt Ihnen Ihre Erfahrung, dass hier jemand seine Ruhe nicht finden kann?

Ich lege die Blätter mit den Fällen vor mich auf den Schreibtisch und erkläre der Frau am Telefon, die mir von den Schreien am Bettrand berichtet hat, was ihre Erlebnisse mit den beiden eben geschilderten Fällen zu tun haben. Viele Menschen berichten mir, dass sie nachts geweckt werden – oft weil sie hören, wie jemand ihren Namen ruft, oder weil sie das Gefühl haben, dass jemand im Raum sei. Manchmal spüren die Betroffenen auch, dass jemand auf ihr Bett zukommt und sich setzt. Manche berichten, sie würden angefasst oder jemand setze sich gar auf sie. Sie beschreiben damit, was der in Zürich geborene Maler Johann Heinrich Füssli im 18. Jahrhundert symbolisch in seinem berühmtesten Gemälde mit dem Titel »Der Nachtmahr« dargestellt hat: Ein unheimliches Wesen sitzt auf der Brust einer schlafenden Frau. Dieser Nachtmahr ist bis heute das Symbol für den Albdruck, der nachts auf manchen Menschen lastet, die schlecht träumen oder von Erscheinungen geweckt werden. Der amerikanische Autor David J. Hufford hat solche Berichte aus der ganzen Welt zusammengetragen und ein Buch über albdruckähnliche Phänomene veröffentlicht. Es heißt sehr vielsagend *The Terror that Comes in the Night*[20].

Viele der von Hufford gesammelten Erlebnisse sind auf die sogenannte »Schlafparalyse« oder genauer, auf einen »hypnagogen« oder »hypnopompen« Zustand zurückzuführen. Hypnagog bezeichnet dabei den Zustand beim Einschlafen, hypnopomp den Zustand beim Aufwachen. Beide Begriffe bezeichnen eine Phase, in der wir wach sind, ohne richtig wach zu sein. Viele Betroffene berichten von seltsamen Erfahrungen und schwören, dass sie in der Situation wacher als wach gewesen seien. Manche schreiben, dass sie sich in dem Zustand nicht bewegen konnten. Das ist typisch für eine Schlafparalyse: Der Körper erscheint gelähmt. Warum das so ist? Im Schlaf ist die motorische Bewegung des Körpers abgeschaltet. Es gibt, ganz plastisch gesprochen, einen Schalter im Gehirn, der umgelegt wird, sobald wir einschlafen. Alle Muskeln machen Feierabend. Wir würden ständig aufwachen, wenn wir uns im Schlaf bewegten. Das ist unter anderem deswegen ganz sinnvoll, da sonst die Gefahr bestünde, dass wir nachts umhergehen und uns in Gefahr bringen. Bei Schlafwandlern funktioniert das mit dem Stilllegen der Muskeln nicht so gut. Sie bewegen sich und gehen manchmal sogar umher. Im hypnagogen Zustand kann man nun nicht klar erkennen, ob man schläft oder ob man schon wach ist. Das führt zu dem typischen Phänomen, bei dem man einen Druck auf dem Körper oder neben sich auf dem Bett spürt: Man nimmt die Last des eigenen Körpers im Bett wahr, weil man sich nicht bewegen kann. Fälschlicherweise baut der Kopf die Vorstellung auf, eine fremde Person habe sich ins Bett gelegt oder gesetzt oder sitze auf einem. Die Lösung des Problems erfordert ein bisschen Übung. Wer häufiger in diesen Zustand gerät, muss versuchen, sich des hypnagogen Zustandes bewusst zu werden, und sich in diesem Zustand selbst auffordern, noch einmal einzuschlafen. Diese Form der Selbsttherapie funktioniert in der Regel mit ein bisschen Übung. Nach fünf Minuten wacht man dann richtig auf und fühlt sich frisch und erholt.

»Und wenn es nicht so einfach vorbeigeht?«, fragt mich die Frau am Telefon nun, als ich ihr die Schlafparalyse erklärt habe.

»Wenn jemand dauerhaft unter solchen Zuständen leidet«, sage ich, »dann raten wir den Gang zum Neurologen oder ins Schlaflabor an, um festzustellen, ob mit dem Schlafrhythmus etwas nicht stimmt.«

An der Stelle weise ich die Frau darauf hin, dass ich noch einen ganzen Stapel mit Briefen vor mir liegen habe, die nach Antworten verlangen. Die Frau sieht es mir nach und verabschiedet sich, wie es scheint, zufrieden.

Es klopft an der Tür zu meinem Büro. Meine Mitarbeiterin fragt, ob sie mir etwas zu essen aus der Mittagspause bringen soll.

»Nein, danke«, sage ich und stelle mir dabei vor, was es heute wohl in der Mensa der Universität Freiburg geben mag.

7. Kapitel:

Spuk an der Universität

Die Universitätsstadt Freiburg wurde bereits während meiner Schulzeit so etwas wie mein Sehnsuchtsort. Der Lehrer, der uns nachmittags mit seinem Auto ins Chemische Kolloquium an der Universität fuhr, hat daran seinen Anteil. Die Hörsäle der Universität erschienen mir damals wie eine riesige Spielwiese. Die Universität war der Ort, an dem man sich ganz allein den Dingen widmen durfte, die einen interessierten. Außerdem traf man dort auf die besten Leute eines Faches. Und davon konnten wir schon im Abitur profitieren. Ich erinnere mich an meine mündliche Abiturprüfung in Chemie. Als neutraler Beobachter wurde in jede Fachprüfung ein Lehrer aus einer anderen Schule hinzugezogen. Der staunte nicht schlecht, als er hörte, wie gut wir über den aktuellen Stand der chemischen Forschung Bescheid wussten. Unser Vorteil: Wir waren zuvor wochenlang Stammgäste an der Universität gewesen. Daran sieht man, was engagierte Lehrer erreichen können!

Leider durfte ich nach dem Abitur nicht sofort mit dem Studium beginnen, denn die Wehrpflicht stand an. Einige Lehrer hatten sich sogar dafür eingesetzt, dass ich vom Militärdienst befreit werden sollte, damit ich gleich ein Studium aufnehmen könnte, aber mein Vater entschied, dass für mich keine solchen »Extrawürste« infrage kämen. Ich war ja noch nicht volljährig.

Der Wehrdienst dauerte damals noch 18 Monate und endete zu einem derart unglücklichen Zeitpunkt im Jahr, dass ich nicht mehr ins richtige Semester hatte einsteigen können. Daher verpflichtete ich mich, wie die meisten Abiturienten, die studieren wollten, für 24 Monate – man wurde dafür immerhin einigermaßen anständig entlohnt.

Ich will es kurz machen: Die Militärzeit war vor allem in menschlicher Hinsicht lehrreich, weil ich auf Ausbilder traf, die großen Spaß daran fanden, vor allem Abiturienten an ihre körperlichen Grenzen zu bringen. Die Abiturienten mussten im Grundwehrdienst mehr Liegestützen machen, sie mussten länger durch den Schlamm robben und wurden überhaupt gern schikaniert. Zumindest war es damals so. Aber ich hielt durch, wurde zäh und ließ mich nicht unterkriegen. Eine Eigenschaft, die mir später im Wissenschaftsbetrieb zugutekommen sollte. (Übrigens blieb ich meinem Grundsatz treu, alles zu lernen, was angeboten wurde, und durchlief eine Ausbildung zum Reserveoffizier.)

Dann endlich, mit zwei Jahren Verspätung, fuhr ich nach Freiburg, um mich an der Universität für Physik zu immatrikulieren. Nebenbei studierte ich auch andere Fächer. In der Physik-Studienordnung stand immerhin: »Ein trüber Gast, der nur Physik studiert.«

Die Universität war damals noch nicht so verschult, jeder konnte seinen Interessen folgen. So besuchte ich zusätzlich Biologievorlesungen, Philosophievorlesungen und Psychologievorlesungen; Mathematik, Chemie, Computerwissenschaft und Elektronik waren für Physiker ohnehin obligatorisch. Und schon in den ersten Wochen in Freiburg suchte ich Hans Bender auf – den Autor des Büchleins, das mir mein Deutschlehrer in der Schule an die Hand gegeben hatte.

Hans Bender galt damals als der führende Parapsychologe in Deutschland. Er hatte 1968 an der Universität Freiburg eine internationale wissenschaftliche Tagung der »Parapsychological Association« (PA) veranstaltet und stand damit in Kontakt mit der weltweiten Forschung auf dem Gebiet der Parapsychologie. Er galt als Pionier der Spukforschung, die selbst unter Parapsychologen höchst umstritten war. Er wurde 1907 in Freiburg geboren, hatte Romanistik, Philosophie, Psychologie und Medizin studiert und 1950 das Institut für Grenzgebiete der Psychologie und Psychohygiene auf der Eichhalde gegründet. Von 1954 bis 1975 war er Professor für Grenzgebiete der Psychologie an der Universität Freiburg.

Als ich ihn im Sommersemester 1968 aufsuchte, berichtete er voller Begeisterung von einem höchst interessanten Fall, der seiner Meinung nach einen Durchbruch in der Spukforschung darstellte. Ende 1967 hatten sich in einer Anwaltskanzlei in Rosenheim sehr seltsame Dinge zugetragen. Bender beschreibt die Ereignisse in den Kanzleiräumen in einem später erschienenen Buch[21] so: »An einer zweieinhalb Meter hohen Decke befestigte Leuchtstoffröhren erloschen immer wieder. Elektriker stellten fest, daß sie um 90 Grad aus ihren Halterungen gedreht waren. Von zahlreichen Zeugen wurden heftige Knallerscheinungen gehört, Sicherungsautomaten lösten selbsttätig ohne ersichtlichen Grund aus, die Entwicklerflüssigkeit eines Photokopiergeräts wurde immer wieder verspritzt, Telefonstörungen drohten den Kanzleibetrieb lahmzulegen, die vier Apparate läuteten häufig gleichzeitig, Gespräche brachen zusammen, und die Rechnungen des Fernmeldeamts stiegen zu einer ungewöhnlichen Höhe an. Es wurde vermutet, daß abnorme Stromstöße des elektrischen Versorgungsnetzes die Ursache sein müßten.« Hans Bender berichtet, dass die Angestellten der Kanzlei angehalten wurden, außergewöhnliche Vorgänge zu notieren. Revisoren der Stadtwerke kamen und wurden Zeugen der seltsamen Phänomene. Schließlich wurde Bender hinzugezogen. Er fand »ratlose, zu einer Zusammenarbeit freundlich bereite Techniker und ebenso ratlose Beamte der Kriminalpolizei vor, die sich infolge einer Klage des Anwalts gegen Unbekannt in die Aufklärung eingeschaltet hatten«.

Hans Bender entdeckte, dass die Phänomene nur während der Bürozeiten geschahen. »Oft wurde der Vollausschlag genau zu dem Zeitpunkt registriert, an dem die 19-jährige Büroangestellte Annemarie S. die Kanzlei betrat.« Er schreibt weiter: »Auch andere Beobachtungen wiesen darauf hin, daß die Phänomene von ihrer Gegenwart abhängig waren. Ging das junge Mädchen durch den Flur, begannen die Lampen hinter ihr zu schwingen, explodierten Beleuchtungskörper, flogen die Scherben auf sie zu.«

Bender kannte die Muster des »personengebundenen Spuks« aus eigener Recherche und aus der Literatur. Immer wieder, schreibt Hans Bender, berichteten Menschen, die einen Spuk erlebten, von ähnlichen Wahrnehmungen: Bewegung von Gegenständen ohne ersichtliche Ursache, Verschütten von Flüssigkeiten, unerklärliche Geräusche und Knallerscheinungen, Verrücken von Möbeln, Zerbrechen von Geschirr und Lampen, Verschwinden und Wiederauftauchen von Dingen des täglichen Gebrauchs.

In Rosenheim ging es einige Wochen nach Beginn des Spuks immer turbulenter zu. Messgeräte spielten verrückt. Obwohl niemand das Telefon benutzte, wurden im Fernmeldeamt Anrufe registriert. Bilder fielen von den Wänden oder drehten sich. Schubladen rutschten aus den Schreibtischen. »Mindestens 40 Personen vieler Berufsgruppen wurden Zeugen der Phänomene oder ihrer Folgen«, schreibt Hans Bender. Und schließlich: »Als Annemarie Mitte Januar 1968 eine andere Stelle vermittelt wurde, hörten die Erscheinungen schlagartig auf.«

Nach dem Ende des Falles wurde viel über die Ursache der Erscheinungen diskutiert. Hans Benders Interpretation, dass es sich um Spuk handelte, wurde in einem Buch des Wiener Illusionisten Allan (gemeinsam mit Schiff und Kramer) lächerlich gemacht.[22]

In *Falsche Geister, echte Schwindler* schreibt Allan, die

seltsamen Erscheinungen seien, das habe er bei seinen Nachforschungen herausgefunden, durch Nylonfäden und »trickhafte Manipulationen« vorgetäuscht worden. Der Anwalt, in dessen Räumen in Rosenheim sich die Ereignisse abspielten, versuchte, die Passagen in dem Buch vor Gericht zu verbieten. Hans Bender schrieb später, Allan sei im Auftrag einer österreichischen Boulevardzeitung in die Kanzlei gekommen und habe einen Nylonfaden an der Decke entdeckt, der allerdings Teil einer Testkonstruktion war. Bender glaubt, Allan habe den Faden entdeckt und daran seine Interpretation aufgehängt.

Viele Zeitungen hatten den Spukfall von Rosenheim aufgegriffen – und nicht jeder Leser wollte die Spuktheorie nachvollziehen, die Hans Bender ins Spiel brachte. Manche machten sogar Stimmung gegen Bender. Der Mannheimer Vorsitzende Richter Wolf Wimmer und der Bremer Kriminaldirektor Herbert Schäfer entwickelten sich im Lauf der Zeit zu den profiliertesten Gegnern parapsychologischer Wissenschaft. 1970 verfasste Wimmer in einem Fachmagazin einen Artikel über »Die merkwürdige Wissenschaft der Spuk-Professoren«.[23] Darin steht unter anderem: »Es muß mit grober Deutlichkeit gesagt werden, daß eine enge psychologische Verwandtschaft besteht mit dem blutigen und ekelhaften Hexenaberglauben und der Parapsychologie.« Die Kritik wie auch das Buch von Allan, Schiff und Kramer war fundamental: Sie standen beispielhaft für den Versuch, der Parapsychologie ihre Existenzberechtigung abzusprechen, weil sie die Aussagekraft der Zeugenberichte anzweifeln.

Hans Bender verteidigte sich in seinem Buch *Verborgene Wirklichkeit* gegen die Angriffe und zitierte den Psychoanalytiker Carl Gustav Jung.

Jung hatte einst ein Vorwort für das Buch *Spuk, Irrglaube oder Wahrglaube. Eine Frage der Menschheit*[24] geschrieben, das die Biologin und Spukforscherin Fanny Moser verfasst hat. Dort heißt es:

»Die vielerorts herrschende Voreingenommenheit gegenüber den hier in Betracht kommenden Tatsachenberichten weist alle Symptome primitiver Gespensterfurcht auf. Selbst gebildete Leute, die es besser wissen könnten, brauchen gelegentlich die unsinnigsten Argumente, werden unlogisch und verleugnen das Zeugnis ihrer eigenen Sinne.« Schließlich erinnert sich Hans Bender selbst an die Umstände in Rosenheim: »Als ich den Kronzeugen des militanten Staatsanwalts, den Kriminalisten Dr. Schäfer, aufforderte, an der Untersuchung in Rosenheim teilzunehmen, warteten wir vergebens auf sein Kommen.« In seinem Buch *Der Okkulttäter*[25], das wichtiges Material über Leichtgläubigkeit, Schwindel und gefährlichen Betrug im Dunstkreis des Okkulten enthält, lässt er sich leider auch dazu hinreißen, die um eine sachgemäße Aufklärung bemühte Parapsychologie kurzerhand als Aberglauben zu bezeichnen. »Nein«, schreibt Bender weiter, »mit affektiven Deklamationen kommt man nicht weiter. Nur wissenschaftliche Forschung mit den Methoden der Beobachtung und des Experiments, die auch vor dem Ungewöhnlichen nicht zurückschreckt, kann darüber entscheiden, was Aberglaube ist und was nicht.« Hans Bender verteidigt die Forschung zum Spuk, damit »die außerordentliche Bedeutung der Spukphänomene für unser Wissen vom Menschen und von der Natur« klar werde.

Das Institut für Grenzgebiete der Psychologie und Psychohygiene von Hans Bender lag malerisch an der Eichhalde 12, im schönen Stadtteil Herdern am Schlossberghang in Freiburg.

Schon bei meiner ersten Begegnung mit dem Hausherrn kam es zu einer anregenden Diskussion, und Bender deckte mich mit einer Menge Literatur ein. Er war der Wissenschaftler, den ich mir vorgestellt, vielleicht sogar gewünscht hatte. Die, die sich für sein Fach interessierten, empfing er mit offenen Armen. An der Universität Freiburg hatte er den Lehrstuhl für Grenzgebiete der Psychologie inne – in ganz Deutschland die einzige Professur, die sich im Wesentlichen mit parapsychologischen Themen beschäftigte. Man kann sagen: Bender gab der Parapsychologie in Deutschland den akademischen Rahmen. Die Zeit war auch reif. Die Gesellschaft erlebte einen Umbruch. Die 68er-Bewegung trat an, nicht nur die Gesellschaft, sondern auch den Lehrbetrieb an den Hochschulen zu entstauben. Denkverbote waren verpönt; die Studenten widmeten sich mit mehr Energie den Grenzen der Wissenschaft als andere Generationen.

Hans Bender nutzte dieses Interesse. Er inszenierte seine Vorlesungen regelrecht: Jeden Dienstag während des Semesters las er in der Aula der Universität. Bevor er ans Pult trat, wurde der Raum verdunkelt, ganz so, als wenn die Aufführung in einem Theater anfangen würde. Nur die kleine Leselampe brannte, damit er seine Aufzeichnungen sehen konnte. Die Szenerie war perfekt, die Aula war fast immer bis auf den letzten Platz besetzt, und es herrschte absolute Ruhe. Nicht nur Studenten aller Fächer hörten Bender; Interessierte aus ganz Deutschland reisten nach Freiburg, um Hans Bender zu sehen, wie er, nur von einem kleinen Licht beleuchtet, Spukfälle vorführte. Doch er las nicht allein wegen des optischen Effekts im Dunklen. Er zeigte 16-Millimeter-Filme, die er nach Spukfällen vor Ort gedreht hatte. Die Aufnahmen zeigten Rekonstruktionen von Spukfällen. Betroffene stellten vor Benders Kamera nach, was sie erlebt hatten. Sie führten vor, wie Haushaltsgegenstände – ein Topf, ein Bügeleisen – durch die Luft schwebten. Sie deuteten auf Kratzspuren, auf zerborstene Fensterscheiben oder auf seltsame Schriftzeichen an der Wand.

Hans Benders Vorlesung war dadurch natürlich unterhaltsam. Es lag etwas Unheimliches darin. Er führte die Zuhörer in Grenzbereiche ihres Wissens. Bender war jedoch kein Schauspieler. Aber er wusste die Faszination seines Faches zu nutzen, um es mehr Menschen zugänglich zu machen.

Bald ging ich an Benders Institut ein und aus. Ich benutzte ausgiebig die umfangreiche Bibliothek, besuchte die Seminare und Vorträge am Institut. Nach meinem Physik-Diplom verbrachte ich viele Stunden mit Diskussionen in der Eichhalde. In diesen Gesprächen betonte Hans Bender immer wieder, dass er froh darüber war, einen Physiker unter seinen Mitarbeitern zu haben. Seminare leitete er häufig mit den Worten ein: »Wir wenden uns Hilfe suchend an die Physiker.« Dann wandte er sich an mich und fragte: »Herr von Lucadou, können Sie mir nicht mal schnell die Quantenmechanik erklären?« Es war scherzhaft gemeint – niemand kann mal schnell die Quantenmechanik erklären. Aber die Frage gab den Ort vor, an dem man vermutlich suchen musste, um Hinweise auf die Ursachen von Spuk zu finden.

Nach einigen Semestern durfte ich Hans Bender auch bei seinen Reisen zu Spukfällen begleiten. Meist ging eine Korrespondenz zwischen den Betroffenen und Bender voraus. Wenn Bender dachte, der Fall könnte interessant sein, vereinbarte er eine Ortsbesichtigung. Er hat unzählige Spukfälle besucht. Er war besessen von der Idee, irgendwann einmal vor Ort selbst einen Spukfall auf Film aufzunehmen. Bis dahin gab es weltweit nur wenige, oft zweifelhafte Aufnahmen von Spukphänomenen. Bender suchte den sichtbaren Beweis – aus wissenschaftlichem Interesse, vielleicht aber auch aus Stolz. Es ist wesentlich leichter, den Menschen die Parapsychologie zu erklären, wenn man Beispiele zeigen kann. Es ist leichter, die Existenzberechtigung einer Wissenschaft zu belegen, deren Untersuchungsobjekt sichtbar ist.

Bender fuhr einen alten Mercedes Diesel 190. Wenn ich ihn chauffieren durfte, hatte er während der Fahrten viel Muße für Gespräche über die Parapsychologie. Wenn dagegen *er* fuhr, gestaltete sich die Fahrt aufregender. Hans Bender fuhr unkonzentriert. Es konnte vorkommen, dass er, ganz im Gespräch versunken, auf der Autobahn nur noch 60 km/h fuhr. Und erst wenn ich ihn auf seine Geschwindigkeit hinwies, gab er wieder Gas.

Im Umgang mit den Betroffenen hatte Bender eine sehr sensible Art; er konnte mit den Leuten reden, konnte ihnen zuhören. Er hatte einen Blick für die psychosoziale Situation der Menschen. Er erforschte nicht nur die physikalische Seite des Spuks, er war ein guter Psychologe mit viel Intuition. Normalerweise brachte er zu einer Ortsbegehung ein Tonbandgerät mit und zeichnete die Gespräche mit den Betroffenen auf.

Bender nahm auch Fotos von den Orten auf, an denen es gespukt hatte, und immer wieder filmte er. Er ließ die vom Spuk Betroffenen nicht nur erzählen. Er forderte sie auf, die Ereignisse nachzustellen. Wenn jemand sagte: »Dann flog plötzlich der Teller vom Tisch«, ließ Bender die Person den Teller nehmen und bat darum, ihm genau zu zeigen, wie er heruntergefallen war. Hans Bender arbeitete im Grunde wie Richter und Anwälte vor Gericht: Er wollte Fakten, wollte ein klares Bild davon bekommen, wie die Leute die unheimliche Situation erlebt hatten.

Die meisten Menschen stellen sich die Recherche zu Spukfällen spektakulär vor. Die Wahrheit ist: Man kommt an einen Ort, findet Personen, die erzählen, was geschehen ist, ohne es zu begreifen. Das ist eine ernüchternde und eher frustrierende Situation, weil man trotz Ortsbesichtigung nur mit den Berichten der Leute arbeiten kann. Wenn ich mit Bender gemeinsam den Ort des Spuks aufsuchte, hatte dieser im Normalfall schon aufgehört. Nur in wenigen Ausnahmefällen erlebt ein ortsfremder Beobachter einen Spuk, meistens aber kann man nur die Ergebnisse sehen. Ich habe schon in Wohnungen gestanden, in denen es aussah, als habe eine Bombe eingeschlagen. Manchmal kippen Schränke um, Gegenstände verteilen sich im ganzen Haus. Die Ansicht einer solchen Wohnung birgt aber nichts Spektakuläres. Spektakulär ist allein die Behauptung der Menschen, dass nicht sie selbst für das Durcheinander verantwortlich sind.

Hans Bender sagte häufig, er versuche, »den Spuk in die Psychologie zu integrieren«. Was heißt das? Auf unseren Reisen fragte er die vom Spuk Betroffenen, ob es in ihrem Leben, in ihrer Beziehung oder in ihrer Familie Probleme gebe. Das war fast immer der Fall. Streit, Stress oder auch unverarbeitete Trauer kann man in Spukfällen oft beobachten. Von Hans Bender stammt die Interpretation, dass der Spuk nicht das Wirken von Geistern sei, sondern der Hilferuf einer besorgten Seele, die leidet. Er hat als Erster den Spuk psychologisch interpretiert. Meines Wissens ist es ihm jedoch nie gelungen, einen Spuk zu filmen. Sein größter Wunsch ist ihm also versagt geblieben, obwohl er sicherlich mehr Spukorte besucht hat als irgendjemand sonst in Deutschland. Irgendwann zog er aus seiner vergeblichen Suche nach dem Spuk einen Schluss. Er fragte sich:

Kann es sein, dass sich Spuk grundsätzlich der Objektivierung entzieht – dass ihn also nur die Menschen erleben, die ihn auslösen oder die in Verbindung mit dieser Person stehen?

Hans Bender entwickelte die Theorie, dass sich Spuk unter Umständen »schabernackhaft« verhält und immer dort auftaucht, wo man ihn nicht vermutet. Tatsächlich war es Bender, dem die sogenannte »Elusivität«, die Flüchtigkeit des Spuks auffiel. Früher dachten die Parapsychologen, es liege am Beobachter, dass man Spuk meist nicht aufzeichnen könne. Der Beobachter, so die Annahme, ist meist nicht schnell und nicht aufmerksam genug. Heute gehen Parapsychologen von folgender Prämisse aus: Der Spuk zeigt sich in den meisten Fällen nur denen, die nicht an Spuk denken, sondern hinter den Phänomenen andere Ursachen – wie zum Beispiel eine technische Störung – vermuten. Allen anderen, die den Spuk zu Gesicht bekommen wollen, bleibt er verborgen. Das ist eine wichtige Erkenntnis und gleichzeitig ein Hemmschuh. Dieser Umstand macht die Spukforschung für viele Außenstehende unglaubwürdig: Was ist das für eine Wissenschaft, die sich mit Erfahrungen beschäftigt, die man nicht beobachten kann?

Nach meinem Diplom in Physik, das ich 1975 mit der Arbeit »Untersuchung zur Penning-Ionisation mit schnellem, metastabilem Helium« abschloss, war ich als Assistent am Physikalischen Institut der Universität Freiburg angestellt. Dort begann ich mit meiner Promotion in Physik. Das war wieder eine sehr schwierige und langwierige Arbeit, vor der man mich ausdrücklich gewarnt hatte. Nach fünf Jahren war die »Untersuchung chemischer Reaktionen in gekreuzten Molekularstrahlen« abgeschlossen. Danach wechselte ich ans Kiepenheuer-Institut für Solarastronomie in Freiburg, wo ich ein optisches Gerät zur Vermessung der Sonnenaktivität testete.

Mit meinem Doktorvater und Physikprofessor verstand ich mich hervorragend. Als ich kurz vor der Verteidigung meiner Doktorarbeit vor dem Prüfungsausschuss bei ihm im Büro saß, fragte er mich nach meinen Plänen.

»Herr von Lucadou, Sie werden sich nun wohl entscheiden müssen.« Er wusste, dass ich während der Arbeit an meiner Promotion immer bei Hans Bender am Institut für Grenzgebiete der Psychologie und Psychohygiene mitarbeitete, tagsüber in der Physik, abends und nachts in der Parapsychologie.

»Wohl oder übel«, sagte ich und richtete mich im Stuhl

auf. Mir war ein wenig unwohl, weil nun, zum Ende der Doktorarbeit in Physik, eine Entscheidung anstand. Würde ich Physiker bleiben? Würde ich zu Hans Bender gehen, der mich schon mehrmals gebeten hatte, an seinem Institut zu forschen? Ein ganzes Studium lang und noch während der Promotion hatte ich mir mit äußerstem Arbeitseinsatz die Wege offen gehalten. »Ich weiß, dass ich mich langfristig nur einem Fach voll widmen kann«, sagte ich meinem Physikprofessor.

Er lächelte, und ich entspannte mich ein wenig. Ich wusste, dass er mich mochte, und mir war vor diesem Gespräch etwas bange gewesen. Meine Sorge war, dass er mich weiterbeschäftigen wollte – auf Kosten der Parapsychologie.

»Sie wissen, dass ich Herrn Bender schätze, dass ich aber skeptisch bin, was seine Arbeit angeht. Er bleibt immer noch einen eindeutigen Nachweis der Ereignisse schuldig, die er untersucht.«

Dieses Argument kannte ich. Ich formulierte schon eine Verteidigungsrede, als er fortfuhr:

»Allerdings muss ich zugeben«, sagte der Professor, »wenn *Sie* sich dafür interessieren, dann könnte vielleicht doch etwas dran sein am Spuk.« Er lächelte nicht. Ich schaute ihn verwundert an.

»Meinen Sie das ernst?«, fragte ich.

»Ja«, sagte er. »Ich weiß, dass es Sie zu Hans Bender und in sein Institut an der Eichhalde zieht. Wir werden Ihren Verlust hier am Institut bedauern. Aber ich bin mir sicher, dass Sie der Parapsychologie zur nächsten Blüte verhelfen werden.«

Auch wenn ich ihn formal nicht brauchte: Mit diesem Freibrief, mit diesem Vertrauensvorschuss wechselte ich auf eine Assistentenstelle an der Abteilung für Grenzgebiete der Psychologie an der Universität Freiburg, die inzwischen Benders Nachfolger Professor Johannes Mischo leitete. Von den Physikern zu den Psychologen – das war ein ungewöhnlicher Seitenwechsel. Aber niemand wunderte sich, hatte ich doch jahrelang an der Seite von Hans Bender gearbeitet. Gemeinsam mit ihm, dem Professor im Ruhestand, bereitete ich ein großes Psychokineseexperiment vor. Wir wollten ein für alle Mal ergründen, wie der Geist auf die Umwelt einwirken kann.

Wissenschaftler müssen häufig Förderer für Forschungsgelder gewinnen. Sie müssen ihr Vorhaben genau erklären und müssen schriftlich darlegen, welche Erkenntnisse sie sich von einem Versuch erhoffen. Einer der größten Geldgeber in der deutschen Wissenschaft ist die Deutsche Forschungsgemeinschaft, kurz DFG. So bewarben wir uns wiederholt – zunächst mit Hans Bender, dann mit Johannes Mischo – um Geld aus dem Fördertopf namens »unkonventionelle Forschungsprojekte«. Aber vergeblich: Die DFG erteilte uns jedes Mal eine Absage. Die Skepsis der Kollegen überraschte uns nicht. Die Forscherkollegen traten der Parapsychologie immer reserviert entgegen. Das Gespräch mit meinem Physikprofessor nach der Abgabe meiner Promotionsarbeit war deshalb schon fast eine Ausnahme. Meine Vermutung ist, dass sich die DFG nicht auf das Gebiet der Parapsychologie wagen wollte. Welches Signal würde sie aussenden, wenn sie Experimente in der Parapsychologie förderte? Würde sie sich angreifbar machen, wenn sie diesen Bereich des Forschens unterstützte?

Während meiner Arbeit in der Parapsychologie habe ich gelernt, dass die Gesellschaft so etwas wie Spuk nicht wahrhaben will. Die Menschen mögen es nicht, wenn sie durch Ungewissheit verunsichert werden. Sie haben Angst vor so etwas wie einem doppelten Boden im Leben (und davor, was auch immer darunter zum Vorschein kommen könnte!). Bis heute ist die Parapsychologie deshalb kein selbstverständlicher Partner im Kreis der Natur- und Geisteswissenschaften. Ich glaube nicht, dass diese missliche Situation der Parapsychologie deshalb existiert, weil es keine guten Experimente und Theorien gibt. Sie hat mit der Angst der Menschen vor dem Tabuthema Spuk zu tun. Was uns nicht in den Kopf will, wird weggeschoben. Das Problem ist aber, dass der Spuk auf diese Weise nicht verschwindet. Er besteht weiter, und die Menschen, die ihn erleben, werden weiterhin meistens der Lächerlichkeit preisgegeben. Warum? Weil sie von Freunden, von Bekannten, von Ärzten gebeten werden, die Ursachen der Phänomene zu erklären, die sie erleben. Aber was, wenn sie es nicht können? Dann werden sie als verrückt abgestempelt. Geholfen ist ihnen damit nicht.

8. KAPITEL:

Spuk im Labor

Nun kann man auch Wissenschaft betreiben, wenn die dafür vorgesehenen Förderungseinrichtungen neuen Forschungsthemen keine Chance geben. Ich machte mich also selbst auf die Suche nach Sponsoren für unser Psychokineseexperiment. Was wir brauchten, war ein großer Computer und ein vor elektromagnetischer Strahlung abgeschirmter Raum. Durch die Vermittlung von Hans Bender wurde ich bei Siemens vorstellig. Dort zeigte man sich experimentierfreudiger als bei der DFG. Das Unternehmen überließ uns einen Computer im Wert von 40000 DM, mit dem ich die Experimente steuern und auswerten konnte. Mit diesem Erfolg im Rücken akquirierte ich weitere Fördergelder, mit denen ich einen Raum an der Universität Freiburg schall- und strahlendicht ausstattete. Der Kern des Versuchs war eine Abwandlung der Schmidtmaschine.

Der deutsche Physiker Helmut Schmidt hatte kurz zuvor in den USA einen Zufallsgenerator entwickelt,[26] die sogenannte Schmidtmaschine: Radioaktives Material sendet während seines Zerfalls Elektronen aus. Der Zerfall geschieht zufällig – in unregelmäßigen Abständen schleudert die radioaktive Quelle Elektronen nach außen. Die Zahl der Elektronen, die aus einer Quelle geschleudert werden, kann man mit einem sogenannten Geiger-Müller-Zählrohr messen: Jedes Elektron, das im Zählrohr landet, erzeugt einen elektrischen Impuls. Wenn man diesen Impuls mit einem kleinen Computer verschaltet, kann man aus einer Reihe von Impulsen eine zufällige Zahlenfolge von Nullen und Einsen erzeugen:

011010101100011011110100110110 …

Die Schmidtmaschine nutzt also den zufälligen Zerfall einer radioaktiven Quelle, um eine ebenso zufällige Zahlenreihe zu erzeugen. Die Schmidtmaschine ist nichts anderes als eine aufwendige Variante des Münzwurfs.

Ich klemmte zusätzlich zwei Lichter an »meine« Schmidtmaschine. Löste der elektrische Impuls die Zahl eins aus, leuchtete ein grünes Licht auf; löste der Impuls eine Null aus, erschien ein rotes Licht. Während eines Psychokineseexperiments setzte ich eine Person vor die beiden Lampen und bat sie, den Zerfallsprozess der radioaktiven Quelle so zu beeinflussen, dass die grüne Lampe häufiger leuchtete als die rote. Am Ende berechnete ich die Abweichung vom Zufallswert beziehungsweise vom Erwartungswert, wie Wissenschaftler es nennen. Wenn die grüne Lampe so oft leuchtete, dass es kein Zufall mehr sein konnte, war der Effekt signifikant. Das würde bedeuten, dass die Versuchsperson auf den Zerfall der radioaktiven Quelle einwirkte.

Am ersten Versuch in Freiburg nahmen vor allem Studenten teil. Lars war einer von ihnen. Er studierte Psychologie und kam eines Nachmittags ins Versuchszimmer.

»Grüß Gott«, sagte er. Lars war gebürtiger Bayer. »Ich komm wegen dem Fernsteuerungsversuch«, sagte er lässig und lächelte. Wir begrüßten uns per Handschlag, er hatte einen festen Händedruck.

»Bitte, setzen Sie sich hierhin; wir können gleich mit dem Versuch anfangen«, forderte ich ihn auf. Gleichzeitig legte ich ihm noch vor Beginn des Experiments drei psychologische Fragebögen vor. Mich interessierte nicht nur, ob die Menschen zu Psychokinese in der Lage sind, ich wollte auch wissen, ob ihre Persönlichkeit vielleicht etwas mit der Fähigkeit zu tun hat.

Lars stöhnte. »Sie wollen es aber ziemlich genau wissen«, murmelte er, als er sich die Fragen durchlas.

Was ich von ihm wissen wollte, war durchaus ungewöhnlich, entsprach aber den Standards eines Persönlichkeitsfragebogens. Sind Sie depressiv veranlagt? Würden Sie sich als ängstlich bezeichnen? Sind Sie eher extrovertiert? Solche Fragen.

Außerdem sollte Lars einschätzen, ob er es sich prinzipiell zutraue, Dinge in seiner Umwelt mental zu beeinflussen. Als er diese Frage las, blickte er kurz auf und sah mich über den Tisch hinweg, an dem wir beide saßen, herausfordernd an. »Ob ich die Umwelt mental beeinflussen kann? Na ja, ich hab mir gedacht, das werde ich hoffentlich während meines Psychologiestudiums lernen, oder etwa nicht?«

Er blickte mich lange an und lächelte dabei selbstgewiss. Ich wusste nicht, ob er nun wirklich eine Antwort auf diese Frage erwartete. Schließlich senkte er den Kopf wieder und kreuzte, das konnte ich von der Kopfseite des Textes aus sehen, das unterste Kästchen der Frage an. Er war offensichtlich der Überzeugung, seine Umwelt mental beeinflussen zu können.

Schließlich füllte er noch den letzten Fragebogen aus, der sein aktuelles Befinden abfragte.

In welcher Stimmung sind Sie?

Fühlen Sie sich ausgeglichen?

Haben Sie Stress bei der Arbeit?

Haben Sie privaten Ärger?

Lars schob mit dem Fuß seinen Rucksack zur Seite, den er gleich beim Hereinkommen neben sich auf den Boden gestellt hatte.

»Fangen wir jetzt an?«, fragte er dann.

Ich nickte. »Gleich«, sagte ich.

Entgegen der ursprünglichen Anordnung bei Helmut Schmidt sah Lars nun keine grüne und keine rote Lampe vor sich leuchten. Ich wollte den Versuch noch genauer gestalten und hatte mir eine kleine Änderung ausgedacht. Lars sah in einen kleinen Kasten, in dem sechzehn kleine Signallämpchen übereinander angeordnet waren. In der Ausgangsposition leuchteten die acht unteren Lämpchen. Als der Versuch begann, kam Bewegung in das »Lämpchenthermometer«, wie ich die Konstruktion nannte.

»Immer wenn ein Elektron aus der radioaktiven Quelle die Zahl eins erzeugt, klettert das Lämpchenthermometer nach oben: Statt acht leuchten dann neun Lämpchen«, erklärte ich Lars die Funktionsweise. »Und wenn ein Elektron eine Null auslöst, erlischt ein Licht …«

»… und es brennen nur noch sieben Lämpchen«, sagte Lars, »ich kann's mir denken.«

»Richtig«, sagte ich. »Und wenn zum Beispiel zweimal hintereinander eine Eins ausgelöst wird …«

»… dann gehen zwei neue Lämpchen an, schon klar«, sagte Lars.

»Nun ja«, sagte ich, »Sie scheinen sich mit solchen Versuchen bereits auszukennen. Ihre Aufgabe ist es, so viele Lämpchen wie möglich zum Leuchten zu bringen. Sie sollen so viele Einsen wie nur möglich erzeugen«, sagte ich, mehr der Vollständigkeit halber. Die Anordnung als Thermometer schien mir deswegen hilfreich, weil sie die Versuchspersonen motivierte. Sie konnten ihren Fortschritt verfolgen und sahen, wie viele Lampen noch zum Leuchten gebracht werden sollten.

»Legen wir los?«, fragte Lars ungeduldig. Er wirkte hochmotiviert, wie ein Tennisspieler vor dem Aufschlag.

Wir legten los. Und Lars war gut. Er konzentrierte sich still auf die Lämpchen und stieß nur hin und wieder ein leises »Los, komm schon« hervor. Als wir seinen Versuch beendeten, hatte er überdurchschnittlich häufig die Zahl Eins hervorgerufen.

»Gut«, sagte ich ganz ruhig, obwohl ich innerlich jubelte. »Ganz gut«, wiederholte ich.

»Was meinen Sie? Eigentlich waren die Lämpchen doch

die ganze Zeit am Anschlag, oder?«, sagte Lars mit einem stolzen und zugleich vorwurfsvollen Unterton in der Stimme. »Das dürfte schon nicht schlecht gewesen sein, oder?«

»Man konnte bei Ihnen einen Effekt beobachten«, sagte ich distanziert. »Haben Sie vielen Dank fürs Mitmachen.«

Lars runzelte die Stirn, deutete eine kleine Verbeugung an, sagte: »Gern geschehen«, und fragte, ob ich ihn über die Ergebnisse des Versuchs informieren könnte.

»Selbstverständlich«, erwiderte ich, und wir verabschiedeten uns mit einem festen Händedruck.

Insgesamt nahmen dreihundert Studenten an dem Versuch teil, und nicht nur Lars erzeugte einen Effekt. Die Auswertung der Daten war in hohem Maße signifikant. Die erzielten Werte wichen insgesamt zwar nicht vom Erwartungswert ab, weil offenbar ebenso viele »Glückspilze« wie Lars von einer gleich großen Anzahl von »Pechvögeln«, die nur Nullen erzielten, ausgeglichen wurden. Ein signifikantes Ergebnis war aber dennoch nicht von der Hand zu weisen. Offenbar gab es einen eindeutigen Zusammenhang zwischen physikalischen und psychologischen Variablen. Einfach ausgedrückt: Menschen wie der selbstbewusste Lars hatten eine höhere Trefferrate als ängstlichere Menschen, die von sich behaupteten, sie könnten mit ihrer Psyche eher nicht mental auf die Umwelt einwirken. Aus meiner Sicht war der Versuch ein voller Erfolg – er schien zu beweisen, dass wir mit unserer Umwelt auf direkte Weise mental verknüpft sind.

Aber es gab noch mehr Resultate.

Im Lauf der Versuche erhob ich auch eine Variable, die ich »pragmatische Information« nannte. Immer wenn besonders viele Lämpchen dunkel waren, war der Effekt besser zu beobachten, dann gab es mehr Abweichungen vom Zufall. Wenn allerdings alle sechzehn Lämpchen bereits erleuchtet waren, nahm der Effekt ab. Auch bei Lars. Er hatte nachweisbar die Motivation verloren, den Zufallsprozess noch weiter zu beeinflussen.

Die Anzahl der dunklen Lämpchen bezeichnete ich in diesem Zusammenhang als »pragmatische Information« für die Versuchsperson. Die Bezeichnung »pragmatische Information« werde ich später noch ausführlich erläutern; sie stellt ein Maß für die Bedeutung der Lämpchenanzeige dar. Diese Variable war eng mit dem Effekt verbunden. Offenbar hatte die Anzahl der dunklen Lämpchen eine entscheidende Bedeutung für die Versuchspersonen. Als wir den Versuch ohne Lämpchen durchführten – die Versuchsperson sah keine Lämpchen, sie sollte sich nur gedanklich auf die radioaktive Quelle konzentrieren – geschah: nichts. Es gab keinen Effekt. Ohne Lämpchen beeinflusste keine Versuchsperson die radioaktive Quelle.

Folgende Ergebnisse hatte ich mit dem Psychokineseexperiment herausgefunden:

1. Seelische Vorgänge im Menschen und Zufallsereignisse in seiner Umgebung sind nicht voneinander unabhängig.
2. Die Stärke dieser Abhängigkeit hängt von der Persönlichkeit des Beobachters ab.
3. Die Motivation, die Umwelt zu beeinflussen, spielt dabei eine große Rolle.
4. Die Bedeutung der Zufallsereignisse (pragmatische Information) ist entscheidend.
5. Zufallsereignisse, die untereinander in (innerer) Beziehung stehen, zeigen deutlichere Zusammenhänge mit den psychologischen Charakteristika der Versuchsteilnehmer.[27]
6. Psychokinese hinterlässt keine Spuren, die sich von normalen Zufallsschwankungen unterscheiden.[28]
7. Zufallsereignisse, die nicht beobachtet werden, zeigen diese Zusammenhänge nicht.

Der wichtigste Punkt, den ich herausgefunden hatte, war wohl Nummer 6: In der Parapsychologie ging man stets davon aus, dass bei Psychokinese ein Signal übertragen werden würde. Ein Mensch wie Lars, so dachte man, müsste ja schließlich irgendwie auf die radioaktive Quelle wirken. Im gesamten Versuch fand ich jedoch keinen Hinweis auf ein solches Signal. Das radioaktive Präparat blieb unverändert, alles verlief so, wie man es nach Kenntnis der physikalischen Gesetze erwarten durfte: Die Gesamtzahl der Nullen und Einsen für alle Versuchsteilnehmer entsprach genau dem, was man vom perfekten Zufall erwarten würde – es gab zwar Abweichungen, aber diese hätten auch reine Zufallsschwankungen sein können. Dass es bei Lars mehr Einsen als Nullen gab, hätte selbst nur ein Zufall sein können – solche Schwankungen muss man dem Zufall zubilligen. Und das war paradox. Wir sahen einen Zusammenhang zwischen Lars' Mühe vor dem Lämpchenthermometer und der Reaktion der radioaktiven Quelle. Aber wir fanden keinen Einfluss! Seltsamerweise schien es eine Reaktion zu geben, zu der wir den Auslöser nicht finden konnten. Konnte es sein, dass in der Psychokinese gar keine Kraft zum Einsatz kam – oder konnten wir sie mit den herkömmlichen Mitteln nur nicht messen?

Eine ähnliche Paradoxie kennt jeder Physiker. Mitte des vergangenen Jahrhunderts schrieben die Physiker Albert Einstein, Boris Podolsky und Nathan Rosen eine gemeinsame Arbeit[29] über Quantenmechanik, in der sie ein seltsames Phänomen beschrieben: Sie beobachteten zwei Quantenteilchen, die ursprünglich *ein* Quantenteilchen gebildet hatten. Unabhängig voneinander bewegten sich die beiden Teilchen in entgegengesetzte Richtung. Ihr Verhalten korrelierte, das heißt, es gab einen Zusammenhang zwischen beiden, schrieben die drei Physiker. Allerdings war kein Signal festzustellen, das beide zu diesem gleichen Verhalten anregte. Wie konnte das sein?

In ihrer Arbeit verwendeten die Physiker als Erklärung den Begriff »Verschränkung«. Die Verschränkung beschrieb das Paradoxon, dass es in der Natur Effekte ohne Ursache zu geben scheint.

Nachdem ich die Ergebnisse des Freiburger Experiments vorliegen hatte, übernahm ich den Begriff der »Verschränkung« in die Parapsychologie. Ich veröffentlichte eine wissenschaftliche Arbeit, in der ich meinen Versuch beschrieb und feststellte, dass Psychokinese vielleicht nicht durch eine Kraftübertragung, sondern durch einen Verschränkungszusammenhang zustande kommt.[30]

Ein erstes Beispiel mag das zumindest im Ansatz verdeutlichen:

Man stelle sich eine Mutter vor, die mit ihrem Baby spielt und dabei das »Babbeln« des Kindes nachmacht, während auch das Kind die Mutter nachahmt. Das Hin und Her ist so intensiv, dass man irgendwann nicht mehr unterscheiden kann, wer der »Sender« und wer der »Empfänger« der ausgetauschten Botschaften ist. Mutter und Kind scheinen eins zu werden. Diese enge Verbindung zwischen einer Mutter und ihrem Kind beschränkt sich meist nicht nur auf die Kommunikation, sie geht viel tiefer. Sie verschwindet nicht, wenn die beiden kurzzeitig getrennt werden. So kommt es oft vor, dass Mütter »telepathisch« mitbekommen, wenn es ihrem Kind nicht gut geht oder wenn Gefahr droht. Dabei spielt es keine Rolle, ob das Kind im Zimmer nebenan ist oder in Australien; es spielt auch nur eine untergeordnete Rolle, ob die Gefahr im Moment droht oder erst in der Zukunft. Die Parapsychologie würde Letzteres dann als »Präkognition« beschreiben; genauso könnte man auch sagen, das Kind »beeinflusse die Mutter psychokinetisch«. Aber ist das so? Wäre nicht die Annahme einer »Verschränkung« zwischen beiden eine viel passendere Erklärung?

An diesem Beispiel kann man sehen, dass der Begriff der Verschränkung die üblichen parapsychologischen Termini womöglich umfasst, sie vielleicht sogar überflüssig machen kann. Hans Bender, obwohl er die Termini auch benutzte, hat sie manchmal sogar als »Worthülsen« bezeichnet.

In der Gemeinde der internationalen Parapsychologen entwickelte sich eine lebhafte Diskussion. »Mind has a real force« – Gedanken haben eine richtige, wirkliche Kraft – hatte zum Beispiel J. B. Rhine[31] von der Universität in Durham, N. C. geschrieben, einer der großen Parapsychologen aus den USA. Bis zu meinem Versuch neigte die Lehrmeinung zu der Annahme, dass es eine unentdeckte Kraft geben müsse, die Psychokinese erklärt.

Mittlerweile scheint sich diese Diskussion zu meinen Gunsten zu verschieben. Ich habe mit vielen Kollegen Wetten abgeschlossen, dass sie niemals ein Signal, eine Kraft entdecken werden. Bisher habe ich noch jede Wette gewonnen. Eine läuft immer noch gegen einen amerikanischen General, der früher parapsychologische Forschung für die CIA betrieben hat. Es gab, das weiß man spätestens seit dem Film *Männer, die auf Ziegen starren* mit George Clooney, eine eigene Forschungsabteilung in der CIA, die das Ziel hatte, die Gedankenkraft nutzbar zu machen.

Auf einer Tagung sprach der General über die Arbeit des Geheimdienstes, also darüber, wie man die geistige Kraft nutzen könnte.

»Man muss sie nur richtig bündeln, dann kann man alles erreichen«, sagte er zum Abschluss seines Vortrags.

»In dem Moment, wo Sie glauben, Sie hätten die Kraft im Griff«, entgegnete ich ihm später beim Dinner, »wird sie sich Ihnen entziehen. Sie werden sehen, dass man eine solche Kraft nicht isolieren kann.«

»Wollen wir wetten?«, fragte der General forsch.

»Aber bitte«, entgegnete ich ihm.

Allerdings bin ich mir nicht sicher, ob ich die Kiste Wein, die auf dem Spiel steht, jemals in Empfang nehmen darf. Der General kann sich schließlich immer noch in die Hoffnung flüchten, dass die ominöse Kraft ja in der Zukunft gefunden werden könnte.

Es blieb nicht bei dem einen Versuch. Ich wiederholte das Psychokineseexperiment später in leicht abgewandelter Form in den Niederlanden und schließlich noch einmal in Freiburg. Insgesamt neunhundert Menschen haben an den Versuchen teilgenommen, und immer war das Ergebnis signifikant. Das heißt, es zeigte sich immer ein Zusammenhang zwischen den psychologischen und physikalischen Beschreibungsgrößen, obwohl die physikalischen Zufallsereignisse selbst nicht vom Zufall zu unterscheiden waren.

Nun kann man sich fragen: Wenn die Ergebnisse so klar sind, warum wurden die Experimente dann nicht schon häufiger wiederholt, wie es in der Wissenschaft üblich ist? Ein Grund ist sicher, dass es für die meisten Psychologen noch schwierig ist, die Funktion von Verschränkungskorrelationen in psychologischen Experimenten zu verstehen. Schließlich haben sie zur Konsequenz, dass scheinbar unabhängig wiederholte Experimente im Allgemeinen nicht mehr unabhängig voneinander sind und dass deswegen besondere Vorkehrungen getroffen werden müssen, damit man ein Experiment wiederholen kann.[32]

Viele Wissenschaftler schrecken vor einer Auseinandersetzung mit solchen Themen zurück, weil sie glauben, sie müssten sich dabei an die Grenzen der Wissenschaft begeben. Ein anderer Grund ist, dass viele Forscher, zum Beispiel auch die Kollegen von der parapsychologischen Forschungseinheit, die bis 2007 der Universität Princeton, USA, angegliedert war, stets nach einem Signal gesucht hatten. Es wurde aber nie ein Signal gefunden. Außenstehende verkürzen nun den Zusammenhang und sagen:

Wenn es kein Signal gibt, dann gibt es auch keine Psychokinese.[33]

Wer so denkt, geht von einem falschen Modell aus. Das ist so, als würde ich sagen: »Ich gehe davon aus, dass die Erde eine flache Scheibe ist. Ich werde versuchen, das zu überprüfen. Sollte ich feststellen, dass sie keine flache Scheibe ist, ist für mich klar, dass es die Erde nicht geben kann.«

1985 lief der Vertrag für meine Assistentenstelle an der Abteilung für Grenzgebiete der Psychologie an der Universität Freiburg aus. Assistentenstellen an der Universität dürfen nicht unbegrenzt verlängert werden, und ich hatte die Höchstdauer erreicht. Ich bekam schließlich drei Monate Verlängerung, um mein Psychokineseexperiment ordentlich zu Ende zu bringen. Etwa zu jener Zeit bekam ich das Angebot, als Gastprofessor an der Universität Utrecht in den Niederlanden zu arbeiten. Das war damals der einzige Lehrstuhl für Parapsychologie in Europa, den der schwedische Psychologe Martin Johnson innehatte. Zwei Jahre war ich dort am parapsychologischen Labor beschäftigt und wiederholte, neben anderen Projekten, das Psychokineseexperiment aus Freiburg, um die Ergebnisse zu bestätigen und um weitere Fragestellungen zu untersuchen. Insbesondere wollte ich eine andere Art von Zufallsgenerator ausprobieren.[34]

Während meines Aufenthaltes in Utrecht verteidigte ich meine psychologische Doktorarbeit »Experimentelle Untersuchungen zur Beeinflußbarkeit von stochastischen quantenphysikalischen Systemen durch den Beobachter« an der Freien Universität in Berlin. Sie wurde mit »summa cum laude« ausgezeichnet.

Aufgrund von Sparmaßnahmen wurden in Utrecht 1987 mehrere Institute geschlossen, unter anderem auch unser Labor.

Ich kehrte nach Freiburg zurück.

9. KAPITEL:

Die okkulte Welle

Dort hatten sich in der Zwischenzeit einige Dinge geändert. Hans Bender war zwar nach wie vor Leiter des Instituts für Grenzgebiete der Psychologie und Psychohygiene (IGPP), aber aus Altersgründen nicht mehr sehr aktiv. Er starb 1991. Sein Nachfolger auf dem Lehrstuhl der Universität, Johannes Mischo, konzentrierte sein wissenschaftliches Interesse auf Psychodiagnostik und Sozialpsychologie. Das Psychologische Institut der Universität Freiburg wollte diese Veränderung nutzen. Das gesellschaftliche Interesse an der Parapsychologie war in den Achtzigern eine Zeit lang zurückgegangen. Die Verantwortlichen an der Universität wollten die Abteilung für Psychologie und Grenzgebiete der Psychologie umwidmen. In die Institutsräume an der Universität sollte das neu zu gründende Institut für Arbeitswissenschaft und Arbeitsorganisation einziehen. Das einzige Institut an einer deutschen Universität, das sich im Rahmen seiner Arbeit mit paranormalen Phänomenen befasste, sollte also geschlossen werden, was nach der Emeritierung von Johannes Mischo 1998 auch geschah. Mischo war noch bis zu seinem Tod 2001 Nachfolger von Hans Bender am privaten Institut für Grenzgebiete der Psychologie und Psychohygiene (IGPP). Danach übernahm der Psychologe Professor Dieter Vaitl die Leitung des IGPP, das seit 1993 durch eine großzügige private Stiftung (Asta Holler-Stiftung) finanziert wird.

Man soll aber nicht meinen, dass, als ich 1987 zurückkehrte, in der Parapsychologie keine Fortschritte erzielt wurden.

Trotz der lächerlichen finanziellen Ausstattung von 7000,– DM Sachmitteln an der Universitätsabteilung und mit nur einer Assistentenstelle und einer »halben« Sekretärin liest sich die Bilanz noch eindrucksvoll. Eberhard Bauer und ich haben in einem Sonderband der *Zeitschrift für Parapsychologie und Grenzgebiete der Psychologie* die Situation der Parapsychologie in Freiburg anlässlich einer Tagung des IGPP 1995 festgehalten: »Parapsychologische Forschung in Freiburg – Dokumentation einer historischen Entwicklung«[35]. Im selben Band geht Sybo Schouten der Frage nach, ob die Parapsychologie angesichts ihrer prekären Situation überhaupt Fortschritte verzeichnen kann, wenn man sie beispielsweise mit der Schulpsychologie vergleicht. Das Resultat ist eindeutig: Es kann sich durchaus sehen lassen.

Da ich schon früh die Entwicklung an der Universität kommen sah und weil ich ein großes Interesse daran hatte, meine Arbeit in Deutschland fortzusetzen, richtete ich eine Petition an die baden-württembergische Landesregierung, die von 36 Hochschulprofessoren und dem Nobelpreisträger für Physik, Brian Josephson, unterstützt wurde. Die Landesregierung in Stuttgart, genauer: das Wissenschaftsministerium in Stuttgart, stand meinem Ansinnen aufgeschlossen gegenüber. Leider signalisierte das Psychologische Institut der Universität Freiburg ganz offen, dass sie das Projekt nicht wollten, selbst wenn es Fördergelder vom Land gäbe. Die Neugründung des Instituts für Arbeitswissenschaften war bereits beschlossene Sache. Dieser neue Forschungsbereich war zu jener Zeit in Mode gekommen und versprach viele Fördergelder.

Meine wissenschaftliche Laufbahn kam eine Zeit lang zum Stillstand. Erst war das parapsychologische Labor in Utrecht geschlossen worden, nun die Abteilung in Freiburg. Wie sollte es weitergehen?

Ich erinnere mich, wie ich damals mit meiner Frau und

den drei Kindern in der Wohnung in Freiburg saß. Zwar stand die endgültige Entscheidung der Universität Freiburg noch aus, aber ich machte mir keine großen Hoffnungen. Die Frage war, in welcher Form und wo ich weiter zur Parapsychologie würde forschen können?

Ich trank einen Tee und blätterte durch die Tageszeitung, in der wieder einmal über Satanismus und Okkultismus an Schulen zu lesen war.

»Das lese ich jetzt auch schon zum hundertsten Mal«, sagte ich wie beiläufig zu meiner Frau und blätterte weiter. Dann hielt ich inne – und blätterte wieder zurück. Ich runzelte die Stirn, überlegte, wurde still.

»Was ist?«, fragte meine Frau.

Ich las den Text zum Okkultismus. Es war von einer Schule die Rede und von einer »Welle des Okkultismus«. Immer mehr Schüler, so hieß es, würden sich für okkulte Praktiken wie Gläserrücken interessieren. Bei dieser Praktik wird ein Glas in die Mitte einer Tischplatte gestellt. Zu allen Seiten legt man Buchstaben oder Symbole. Dann berühren die Beteiligten mit den Fingern leicht den Rand des Glases und warten. Wie von Geisterhand bewegt sich irgendwann das Glas in Richtung eines Buchstabens oder eines Symbols – und vermittelt, nach Überzeugung der Teilnehmer, Nachrichten aus dem Jenseits. Die Lehrer und die Eltern, so stand es in dem Artikel, seien verzweifelt, weil sie nicht wüssten, wie sie solch »finsteren Mächten« begegnen sollten.

Ich musste lächeln. Die okkulten Praktiken waren mir als Nebeneffekt meiner Arbeit in der Parapsychologie vertraut.

Gläserrücken beruht auf einem unbewussten Effekt. Niemand kann die Hände ganz ruhig halten, die Muskeln bewegen sich immer ein bisschen. Diese minimale Bewegung kann das Glas in Bewegung versetzen.

»Vielleicht sollte ich Berater werden«, sagte ich zu meiner Frau und erklärte ihr meine Idee: eine Parapsychologische

Beratungsstelle, die vor allen Dingen für besorgte Lehrer und Eltern da ist. Folgte man den Zeitungen und den Fernsehsendern, erlebten die Deutschen eine neue Welle des Okkultismus und der Esoterik – die New-Age-Ideen aus den USA hatten es auch bis nach Deutschland geschafft.

»Ich muss es versuchen«, sagte ich zu meiner Frau und setzte mich an die Schreibmaschine. Dieses Mal schrieb ich keine Petition, sondern einen Antrag auf Förderung einer Einrichtung, die es bisher noch nie gab: Ich wollte eine Parapsychologische Beratungsstelle ins Leben rufen. Vorrangig für Lehrer, für Eltern, für Schüler. Schließlich aber auch – das war mein Hintergedanke – für all jene Menschen, die paranormale Phänomene erlebten oder erlebt hatten. Für Menschen, die niemand anderem von ihren Erlebnissen erzählen konnten.

Nach einigem Hin und Her, mit viel Geduld, dem Verständnis und der Aufopferungsbereitschaft meiner Frau und der Kinder, nach Anträgen beim Arbeitsamt für eine Arbeitsbeschaffungsmaßnahme, genehmigte die baden-württembergische Landesregierung schließlich meinen Antrag. Seither wird die Beratungsstelle vom Land Baden-Württemberg finanziell unterstützt; allerdings sind wir nach wie vor auf Spenden angewiesen, weil die Mittel hinten und vorne nicht reichen.

Einige Räumlichkeiten in der Franziskanerstraße beim Rathaus in Freiburg wurden mir unentgeltlich von dem Verleger Günther Berkau zur Verfügung gestellt, sodass ich im Januar 1989 die Parapsychologische Beratungsstelle eröffnen konnte. Im Jahr 1990 schließlich zog die Beratungsstelle in die wesentlich größeren Räume in der Hildastraße um, wo sie sich auch noch heute befindet. Die Resonanz war groß, vor allem in den Medien. Allein der Name unserer Einrichtung hörte sich ja merkwürdig an und verlangte nach einer Erklärung. Sogar die Tagesschau widmete uns einen kleinen Beitrag. Die mediale Aufmerksamkeit war mir recht. Wir schalten bis heute keine Inserate und sind auf Mundpropaganda angewiesen. Viele Ärzte, Psychologen, die Polizei oder auch kirchliche Stellen wissen mittlerweile, dass es uns gibt. Während ich im Jahr 1989 noch 190 Menschen beraten habe, waren es im Jahr 2010 mehr als 3000.

Zu Beginn meiner Beratung meldeten sich vor allen Dingen besorgte Eltern, die wissen wollten, ob es schlimm sei, wenn sich ihre Kinder zum Gläserrücken träfen. Ich bekam Anrufe von Direktoren, an deren Schulen okkulte Praktiken in Mode waren und die sich von mir eine Aufklärungsveranstaltung wünschten. Es gab einen Sommer, in dem mehrere Boulevardzeitungen fast jede Woche über Teufelsaustreibungen, angebliche Hexen und satanistische Sekten berichteten. Die Berichte weckten auch bei Erwachsenen Ängste, die unser Team von der Beratungsstelle zerstreuen konnte – mit Informationsblättern, mit Telefonaten oder mit Vorträgen.

Eines Tages bekam ich einen Anruf von einer Hilfesuchenden, die genau das aussprach, was die Ursache für die Gründung der Beratungsstelle gewesen war.

»Grüß Gott, spreche ich mit dem Herrn Lucadou?«

»Ja, wie kann ich Ihnen helfen?«

»Wissen Sie, mein Sohn, der spinnt. Der geht seit Monaten nur noch in schwarzen Klamotten aus dem Haus. Und jetzt, letzte Woche, da hat er sein Zimmer schwarz angestrichen. Komplett schwarz! Das ist eine Teufelshöhle! Er ist Satanist geworden …«

»Aber wenn Sie …«, versuchte ich sie zu unterbrechen. Vergeblich.

»… und jetzt hat er auch noch unseren Pfarrer mit einer Bierflasche angegriffen. Stellen Sie sich das mal vor! Was soll ich nur mit dem Kerl machen? Wie bekomme ich den da wieder weg von dem Teufelszeug?«

Okkultistische Praktiken sind immer wieder, vor allem bei Jugendlichen, ein Thema. In der Pubertät, wenn die jungen Menschen sich orientieren, wenn sie sich von den Eltern und deren Glaubensvorstellungen abwenden, dann experimentieren sie – manchmal auch mit okkulten Praktiken. Die meisten davon sind relativ harmlos, und man kann davon ausgehen, dass der »Spuk« im Sinne der Redensart wieder vorbeigeht.

Von Anfang an war ich in der Beratungsstelle also dazu da, den Eltern Entwarnung zu geben und sie um Gelassenheit zu bitten. Ähnliches versuchte ich bei der Frau, die sich aber nicht wirklich beruhigen lassen wollte. Schließlich sprach ich mit dem Pfarrer, der angeblich angegriffen worden war, und fand heraus, dass die Verzweiflung der Frau größer war als nötig.

»Ach, das ist übertrieben«, antwortete der Pfarrer. »Es gab wohl einen kleinen Streit, weil der Junge mit Freunden vor der Kirche gezecht hatte. Das war aber nicht besonders schlimm – und den Angriff muss unsere Mesnerin sich eingebildet haben. Für meinen Geschmack kann man mit dem Jungen ganz gut reden. Das ist ein lieber Kerl, der sich halt so kleidet wie seine Freunde aus der Gothic-Szene. Wenn es nach mir geht, muss man sich um den jetzt keine Sorgen machen.«

Ich bat den Pfarrer, seine Gelassenheit der Mutter des jungen Mannes noch einmal selbst zu vermitteln. Der Pfarrer versprach mir seine Hilfe. Ein halbes Jahr später erreichte mich ein Brief der Mutter, demzufolge der Junge eine Ausbildung begonnen habe – und die Wände in seinem Zimmer seien nun auch wieder weiß gestrichen.

An einem anderen Fall erkennt man, dass es nicht immer ausreicht, die Betroffenen zu beruhigen. Man muss sich auch in ihren Vorstellungswelten auskennen, wenn man wirklich helfen will. Die meisten Menschen haben kaum eine Vorstellung davon, mit welchen Themen sich Jugendliche befassen.

Ein junger Mann lag nach einer heftigen Schlägerei mit Altersgenossen im Krankenhaus. Die Eltern hatten ihn wegen seines sonderbaren Verhaltens bereits in psychiatrische Behandlung gegeben. »Ohne Erfolg«, sagten die Eltern. Sie versicherten mir, ihr Sohn sei ein »Satanist« – und deshalb auch von seinen Altersgenossen verprügelt worden.

Als ich ihn zum ersten Mal sah, fiel mir vor allem seine schwarze »Gruft«-Kleidung auf. Sonst aber machte er einen aufgeschlossenen und intelligenten Eindruck. Es stellte sich heraus, dass er sich sehr viel mit Magie befasste und eigene »Experimente« durchgeführt hatte, wie er sagte. Dabei sei es ihm unter anderem darum gegangen, das Wetter »magisch« zu beeinflussen.

Ich stellte schnell fest, dass er sich in der einschlägigen Literatur bestens auskannte. Und er war misstrauisch. Die erste halbe Stunde unseres Gesprächs nutzte er, um mich auszufragen, um herauszufinden, ob ich ein ernst zu nehmender Gesprächspartner sei. Schließlich fasste er Vertrauen und bewies durchaus beeindruckende Kenntnisse über Wetterzusammenhänge. Er erzählte von seinen »Ritualen« und beobachtete deren »Wirkung« auf das Wetter. Er rührte Pulver zusammen, sprach Formeln und verwendete Gesten für seine magischen Wetterexperimente. Leider schien er mir ein tragischer Magier zu sein: Bei einem Misserfolg ging er immer davon aus, dass ihm während des Rituals ein Fehler unterlaufen sei. Wenn sich das Wetter nach seinen Beschwörungen wirklich änderte, schrieb er es seiner neu erlernten Kunst zu.

Immerhin: Es stellte sich heraus, dass er weder Satanist noch psychotisch noch irrational war; er hatte sich lediglich ein komplett anderes System der Weltbeschreibung zugelegt, mit dem niemand in der Kleinstadt, in der er lebte, etwas anfangen konnte. Er war allerdings so sehr in die magische Welt gedriftet, dass er die Sorgen nicht mehr wahrnahm, die sich seine Umgebung um ihn machte.

Ich wendete einen Trick an. Ich versuchte nicht, sein System zu »korrigieren« und ihm sein Interesse an der Magie auszureden (das meist nach einer bestimmten Zeit ohnehin wieder verschwindet). Ich fungierte vielmehr als »Übersetzer«. Ich brachte dem jungen Mann die Sorgen der Eltern nahe und erklärte ihm, nachdem er mich als Fachmann für Magie akzeptiert hatte, dass ein guter Magier nicht aneckt; er versucht nicht, gegen die Menschen, sondern für und mit den Menschen zu leben. Ein Magier, sagte ich ihm, sondert sich nicht in seiner eigenen Welt ab.

Er dachte lange darüber nach, nickte aber am Ende verständig. Bald wunderte er sich, wie er einen solch »wichtigen Grundsatz der Magie« habe missachten können. So gelang es, ihn sanft zurück in die Wirklichkeit seiner Eltern zu führen.

Es war nicht immer leicht, die Gemüter zu beruhigen. Sosehr ich beim Aufbau der Beratungsstelle auf die Hilfe der Medien angewiesen war, so sehr verursachten sie manchmal neue Probleme. Ich erinnere mich an einen Beitrag in einem öffentlich-rechtlichen Fernsehsender, der mit der Warnung angekündigt wurde, wer Probleme mit dem Herzen habe, solle besser abschalten, weil man eine »authentische schwarze Messe« zeigen werde. Diese Messe sollte angeblich in Saarbrücken gedreht worden sein. Was sah man? Fünf nackte Männer, die um ein Feuer liefen und Unsinn grölten. Die Aufnahmen waren verwackelt und in Schwarz-Weiß, die Männer wiederholten immer wieder dieselben Worte: »Nieder mit dem Christe.«

Ich beschloss, der Sache nachzugehen: Gab es eine satanistische Szene in Saarbrücken, die schwarze Messen abhielt? Es stellte sich heraus, dass die Ankündigung des Beitrages bereits das Interessanteste daran war. Der junge Mann, der als Protagonist des Beitrages fungierte, war stadtbekannt. Ein »Schlawiner«, der, so behauptete er zumindest, gemeinsam mit vier Freunden gegen ein Honorar vor der Kamera nackt um das Feuer lief. Von einer authentischen schwarzen Messe konnte nicht die Rede sein.

Den faszinierten Zuschauer lassen solche Beiträge eher ratlos und, immer wieder, ängstlich zurück. Genau dieser Okkultismus-Hype hat dazu geführt, dass die Beratungsstelle entstand – auch wenn sich mittlerweile vor allem Menschen an uns wenden, die Paranormales erlebt haben und erleben. Menschen, um die man sich kümmern muss.

10. Kapitel:

»Was macht ihr eigentlich anders?«

Es ist Mittag in der Hildastraße, der erste Tag nach meinem Urlaub. Das Mittagessen lasse ich heute ausfallen, es würde mich zu viel Zeit kosten. Ich will mich mit einem Apfel aus dem Obstkorb in der Küche begnügen. Auf dem Weg dorthin schalte ich den Anrufbeantworter aus. Nachdem ich gerade einmal fünf Schritte weitergegangen bin, klingelt das Telefon. Ich seufze; insgeheim muss ich mir jedoch eingestehen, dass ich mich auch freue, wieder zurück bei der Beratung zu sein. Jedes Klingeln macht mich neugierig. Grundsätzlich gehe ich immer mit der Annahme an den Hörer, dass die Geschichten stimmen, die mir die Menschen erzählen.

Auch psychisch kranke Menschen leiden nicht notwendigerweise an Halluzinationen und Sinnestäuschungen. Es ist wichtig, ihnen Glauben zu schenken, aber man muss die Realität überprüfen. Einmal rief eine Frau an und sagte, bei ihr befänden sich andauernd Kleidungsstücke in der Wäsche, die ihr nicht gehörten. Kindersocken zum Beispiel. Sie habe aber keine Kinder und gehe deshalb davon aus, dass es bei ihr spuken müsse.

Ich kannte diese Frau bereits und wusste, dass sie an einer psychischen Erkrankung litt. Wenn sie die Geschichte so ihrem Arzt erzählt hätte, wäre sie Gefahr gelaufen, dass die Dosis ihrer Medikamente erhöht worden wäre. Ich aber nahm ihre Erzählung von Anfang an wörtlich und versuchte ihr Glauben zu schenken. Ich fuhr damals sogar zu ihr nach Hause und sah nach. Sie bewahrte tatsächlich eine Sammlung von Wäschestücken in einem kleinen Korb auf, die allesamt nicht zu ihr gehören konnten. Die Lösung war dann verblüffend einfach: Die Frau hat ihre Wäsche in einer Gemeinschaftswaschmaschine im Haus gewaschen. Die Kleidungsstücke kamen von Nachbarn, die zuvor ihre Wäsche in der Maschine gewaschen hatten, und hatten sich im Gummirand der Trommel verfangen.

Diese Erklärung scheint fast zu simpel zu sein. Aber sie ist wichtig für jemanden, der die Angst mit sich herumträgt. Wie muss sich ein psychisch kranker Mensch fühlen, wenn man ihm einredet, dass reale Dinge »nur ein Teil der Krankheit« seien? Wobei es für psychisch Kranke doch gerade darauf ankommt, den Unterschied zwischen Wahn und Wirklichkeit wieder zu erlernen. Eine Erhöhung der Dosis würde hier eher das Gegenteil bewirken.

Neulich rief jemand an, der mir von einer angeblichen Ufo-Sichtung erzählen wollte. Er fing an zu berichten und glaubte offenbar, ich würde dann ins Gespräch einsteigen und aufgeregt nach den Einzelheiten fragen. Er schien bald frustriert, weil ich vor allem zuhörte. Ich antwortete mit »Ja« und sagte »Hm« oder »Erzählen Sie weiter«. In aller Ruhe fragte ich nach Details. Allein diese Beharrlichkeit erzeugt eine Gesprächsebene, die meist den Effekt hat, dass »Scherzkekse« einfach auflegen. Mittlerweile ist meine Befürchtung, einem Lügner aufzusitzen, relativ gering. Einerseits weiß ich, welche Bandbreite an Erlebnissen paranormale Phänomene erzeugen können. Andererseits gibt es Methoden, um herauszufinden, ob jemand »Märchen« erzählt. Wenn die Antwort auf eine einfache Frage nicht gleich kommt, wenn jemand lange nachdenken muss, dann ist er eher unglaubwürdig. Normalerweise kennt man von einem Erlebnis, das einen nachhaltig beeindruckt, jedes Detail. Wer nach wahren Ereignissen gefragt wird, kann sich auch bei provozierenden Fragen nicht verstricken. Den Anrufer mit dem Ufo hätte man vielleicht mit der Frage aus dem

Konzept bringen können, ob der Himmel wirklich klar gewesen sei am Abend der Sichtung – eigentlich sei es doch überall bewölkt gewesen. Ein Mensch muss sehr gut trainiert sein, wenn er glaubhaft lügen will.

Aber heißt das nun, dass ich die meiste Zeit damit beschäftigt bin, Wahrheit und Lüge voneinander zu trennen?

Müsste meine Arbeit nicht eigentlich von großem Misstrauen geprägt sein?

Um diese Fragen ging es, als ich mich kürzlich mit meiner Schwester zum Essen traf. Sie arbeitet als Psychotherapeutin und stellte im Lauf des Gesprächs eine grundsätzliche Frage:

»Sag mal, was passiert in deiner Beratungsstelle eigentlich anderes als in einer psychologischen Beratung – in einer psychosozialen Beratungsstelle zum Beispiel, wie es sie an Universitäten für Studenten gibt?«

»Hm«, sagte ich und legte mein Besteck zur Seite. »Interessante Frage.« Ich überlegte. »Nach allem, was ich weiß, haben die meisten paranormalen Phänomene mit dem Menschen zu tun, mit seiner Psyche. ›Auf den ersten Blick‹ ist es ganz ähnlich. Wir hören zu. Wir saugen auf, was die Menschen uns erzählen.«

Sie nickte bestätigend, und ich fuhr fort:

»Wenn einer meiner Klienten zu einer normalen psychosozialen Beratungsstelle kommt und von einem Spuk erzählt, dann wird die Psychologin sinngemäß sagen: ›Ich glaube Ihnen, was Sie da erzählen.‹«

Meine Schwester nickte wieder und zuckte mit den Schultern. »Was auch sonst«, sagte sie. »Ich muss dem Klienten vermitteln, dass ich ihm gedanklich auf jeden Fall folgen werde. Egal, was er erzählt: Ich werde mich nie offen über ihn wundern. Was für eine Hilfe wäre ich dann?«

»Das ist jetzt der Punkt«, sagte ich. »Nehmen wir an, du sagst jemandem, der dir von einem wilden Spuk erzählt, unumwunden: ›Das verstehe ich, ich glaube Ihnen, mit der

Geschichte nehme ich Sie ernst.‹ Du hast dann zwar den Weg ins Gespräch geebnet – aber wird dein Gegenüber dir auch glauben?«

»Wie meinst du das?«, wollte sie wissen.

Ich erzählte ihr von den Betroffenen, die sich erst bei mir melden, wenn sie nicht mehr weiterwissen. Viele sagen, dass sie niemandem von ihren Erlebnissen erzählen können, ohne für verrückt erklärt zu werden. Sie haben Zweifel an ihrer eigenen Wahrnehmung: Waren die Erlebnisse wirklich echt? Kann man die Erlebnisse wirklich ernst nehmen? Wie ernst kann man einen Psychologen nehmen, der so tut, als würde er die Erzählung von den paranormalen Erlebnissen glauben?

»Aber du machst es doch so«, entgegnete meine Schwester. »Du sagst den Menschen doch auch, dass du ihnen glaubst.«

»Aber ich muss nicht so tun, als ob. Ich weiß, dass es außergewöhnliche Wahrnehmungen gibt. Ich weiß, dass ich den Betroffenen glauben kann. Deshalb kann ich auch anders beraten, weil mir die Menschen von Anfang an vertrauen.«

Meine Schwester fühlte sich nun provoziert. Wieso, fragte sie, sollte man ihr weniger vertrauen, nur weil sie keine Erfahrungen mit außergewöhnlichen Wahrnehmungen habe?

Wir diskutierten darüber, wie »echt« ein Psychologe mit seinem Klienten fühlen muss, wie intensiv er die Ereignisse, von denen ein Klient berichtet, nachvollziehen muss. Ich fragte meine Schwester: »Was würdest du von einem Automechaniker halten, dem du gerade erklärt hast, dass die Bremse nicht funktioniert, wenn er antworten würde: ›Wir nehmen Sie ernst!‹?« Sie schaute mich verblüfft an.

Das ist also mein entscheidendes Argument: Nur wenn der Psychologe weiß, welche paranormalen Phänomene denkbar sind, wird er richtig handeln.

Einmal meldete sich eine Frau, die von einem Spuk berichtete. Ihre Authentizität war beeindruckend. Ich war überzeugt und ergriffen von ihrer Darstellung. Sie war kritisch, sie konnte präzise schildern, sie wusste auf jede meiner Fragen eine Antwort. Ganz am Ende ihrer Erzählung sagte sie mir, dass sie in einer Psychotherapie gewesen sei. Ich war verwundert. Niemand schien mir weniger psychisch auffällig zu sein als diese Frau – und doch hatte der Arzt zu einer Therapie geraten.

»Weißt du«, sagte ich zu meiner Schwester, »ich behaupte ja gar nicht, dass nicht manche meiner Klienten in einer Psychotherapie gut aufgehoben wären. Aber ich behaupte, dass man vielen eine Therapie ersparen kann, weil sie, trotz Spukerlebnis, vollkommen gesund sind.«

Um meine Ansicht zu untermauern, erzählte ich ihr von einem Spukfall, der sich im Norden Deutschlands abgespielt hatte. Eine alleinerziehende Mutter von sechs Kindern hatte sich gemeldet. Soweit ich das beurteilen konnte, schien sie mir eine patente Frau zu sein. Ich telefonierte eine Stunde lang mit ihr. Sie berichtete von einem »Standardspuk«: Gegenstände flogen durch die Luft, geschlossene Türen öffneten sich von selbst, es waren unerklärliche Geräusche zu hören. Ich stellte ihr Standardfragen: Wie alt sind die Kinder? Was machen Sie beruflich? Wie und wann nehmen Sie die Erlebnisse wahr?

Während sie sprach, stellte ich mir immer wieder selbst die Fragen: Berichtet die Frau präzise und differenziert? Hat sie fixe Ideen? Nichts deutete aus meiner psychologischen Erfahrung darauf hin, dass eine psychische Erkrankung hinter ihrem Bericht steckte. Im Gegenteil, sie war überzeugt, dass sie selbst gerade im Begriff war, verrückt zu werden, und machte nicht die Welt um sich herum dafür verantwortlich. Drei ihrer Kinder waren in der Pubertät, und mir kam es so vor, als sei sie mit der Sorge um die Familie überfordert. Sie brauchte sehr wahrscheinlich eine Haushaltshilfe, um den Stress in den Griff zu bekommen, dem sie ausgesetzt war. War die Überlastung der Auslöser für den Spuk?

Sie war, erzählte sie mir, beim Hausarzt gewesen, der sie schließlich zum Psychiater überwiesen hatte. Dieser überwies sie nach einem kurzen Gespräch in die Psychiatrie. Ich rief ihn an. Das Gespräch verlief aus meiner Sicht sehr unerfreulich. Er sagte überzeugt und mit fester Stimme: »Ich habe festgestellt, dass die Frau psychotisch ist. Sie muss in die geschlossene Anstalt.«

»Wie bitte? Das ist doch nicht Ihr Ernst! Wer soll dann die Kinder nehmen?«

Der Arzt wirkte genervt.

»Na, die kommen in ein Heim«, sagte er und verabschiedete sich. Tatsächlich wurde die Frau in die Psychiatrie überwiesen. Nach ihrem Aufenthalt hatte ich noch einmal Kontakt zu ihr. Sie nahm inzwischen Psychopharmaka, die Spukphänomene waren verschwunden. Aber ein entscheidendes Problem blieb: Die Frau war nun stigmatisiert wegen ihres Aufenthalts in der Psychiatrie.

Früher, im Mittelalter, hatte man es in dieser Hinsicht »besser«. Wer im Mittelalter einen Spuk erlebte, musste nicht zwangsläufig fürchten, für verrückt erklärt zu werden. Damals war Spuk ein Ausdruck von dämonischen Mächten oder ein Ausdruck des Teufels. Das Phänomen Spuk wurde eingekleidet, dem Spuk wurde eine einfache Erklärung zugeordnet. Zur Lösung des Problems kam der Pfarrer ins Haus und verspritzte Weihwasser. Wenn man Glück hatte, war dann alles vorbei.

Heute interpretieren viele den Spuk spiritistisch: Sie glauben, die Geister der Verstorbenen seien am Werk. Der animistischen Einkleidung zufolge sind beim Spuk Seelenkräfte am Werk. Jeder hat zunächst die Auswahl, wie er einen Spuk einordnen will, welche Einkleidung er wählt:

Steckt der Teufel dahinter? Ein Verstorbener? Die Kraft der Gedanken?

Auch wenn aus meiner Sicht bei einem echten Spuk keine dieser Einkleidungen zutrifft – ich würde keine dieser Erklärungen als Humbug bezeichnen. Warum?

Wenn eine Frau zu mir kommt und sagt, ihr verstorbener Ehemann spuke nachts in ihrem Zimmer, dann ist das zunächst einmal ihr persönlicher Erklärungsversuch. Ich höre mir diese Erklärung an und überlege, ob sie für die Frau eine Hilfe ist oder ob sie ihr vielleicht schadet. Wenn sie mit dieser Erklärung zufrieden ist und mit dem Spuk leben kann, ist es nicht meine Aufgabe, ihr die Erklärung auszureden. Die Beratungsstelle schreibt den Menschen nicht vor, was sie glauben sollen. Aber wir helfen, wenn jemand ein Problem mit dem Spuk hat – denn meistens hat der Spuk eine Botschaft im Gepäck.

11. Kapitel:

Botschaften aus dem Jenseits?

Die Tür zu meinem Büro in der Hildastraße öffnet sich einen Spaltbreit.

»Ich bin wieder da«, flüstert Frau Wald vorsichtig durch den Spalt.

Mit dem Telefonhörer am Ohr nicke ich ihr kurz zu. Sie trifft mich fast immer so an: am Telefon. Inzwischen sichte ich den Stapel Post und die E-Mails und die Anrufe auf dem Anrufbeantworter. Um den Überblick zu behalten, nehme ich mir vor, unterschiedliche Stapel anzulegen, zwei Stapel liegen schon vor mir. Auf dem einen liegen die Briefe, in denen es um Stimmenhören, um Erscheinungen und um Wahrträume geht. Die will ich mir gleich noch vornehmen, sie noch einmal genau lesen, mir Notizen machen für das Beratungsgespräch. Manchen Menschen teile ich sofort mit, dass sie mich zurückrufen sollen; manche Briefe lasse ich erst einmal liegen, um mir Gedanken zu machen. Erst am späten Nachmittag mache ich mich an die Spukfälle, meine eigentliche Leidenschaft.

Sehr geehrte Damen und Herren,

seit geraumer Zeit erfahren meine Schwester und ich ein Phänomen, welches uns so seltsam erscheint, dass wir gerne Ihre Meinung und Ihren Rat erfahren möchten.

Den Vorgang erlebte ich persönlich erstmals folgendermaßen: In der Nacht vom 15. auf den 16. November schlief ich, durch äußere Umstände bedingt, im Zimmer meiner Schwester. Gegen Morgen wurde ich von einem Geräusch geweckt, das sich anhörte wie das Flattern eines kleinen Vogels im Raum. Wegen der Dunkelheit im Zimmer konnte ich nichts sehen, doch ich nahm deutlich dieses Flattern und den Luftzug wahr, der durch die Bewegung der Flügel entstand. Der Vogel kreiste über meiner Schlafstelle und ich hatte Angst, dass er gegen die Fensterscheiben flöge.

Während ich noch überlegte, wie ein Vogel in dieses Zimmer gelangen konnte und was zu tun sei, fühlte ich, wie sich der Vogel näherte und sich direkt auf meiner Bettdecke, auf Höhe meiner Brust, niederließ. Ich spürte den leichten Druck der Decke, sodass ich sie voller Entsetzen schüttelte und den Vogel verscheuchte. Er flog auf und verschwand in Richtung der Fenster.

Als ich am Morgen aufstand, beruhigte ich mich mit dem Gedanken, es sei ein Traum gewesen, doch zugleich war ich überzeugt, dass ich zu dem Zeitpunkte nicht geschlafen hatte. Mich begleitete das unbestimmte Gefühl, dass ich irgendwie falsch reagiert hatte beziehungsweise der Situation nicht gewachsen war. An diesem Morgen erhielt ich dann den Anruf, dass eine gute Bekannte, eine alte Dame, die ich zuletzt täglich besucht hatte, in den Morgenstunden des 16. November verstorben sei.

Zu einem späteren Zeitpunkt, als ich wieder in diesem Raum schlief, hatte ich noch einmal ein ähnliches Erlebnis. Der kleine Vogel flog diesmal nicht zu mir auf die Bettdecke, sondern kreiste ein, zwei Mal im Zimmer und verließ danach den Raum durch ein ungeöffnetes Oberlicht des Fensters.

Meine Versuche, diesen Vorgang als ein normales, sich eben wiederholendes Traumerlebnis abzutun, wurden schließlich gänzlich erschüttert, als mir meine Schwester, die, wie ich schon erwähnte, diesen Raum eigentlich bewohnt und die dort auch schläft, mir auf meine Erzählung hin ganz ähnliche Erlebnisse schilderte.

In größeren Zeitabständen, zuletzt in der gestrigen Nacht, hörte meine Schwester ebenfalls dieses Flügelschlagen eines kleinen Vogels im Raum. Die erste Erscheinung war von längerer Dauer und verlief ganz ähnlich wie das von mir geschilderte Erlebnis (Bettdecke). Das zweite Mal war die Erscheinung nur von kurzer Dauer; aus dem Flattern sei jedoch deutlich zu erkennen gewesen, dass sich der Vogel an verschiedenen Stellen im Raum niedergelassen hatte. Heute Morgen, bei Tagesanbruch, gegen vier oder fünf, hatte sie dieses Erlebnis wieder. Der Vogel saß auf dem Schrank. Es sei ein kleiner grüngelber Vogel gewesen, der dann im Raum herumflog. Meine Schwester nahm sich vor, ihn diesmal nicht zu verscheuchen, sollte er sich erneut auf der Decke niederlassen wollen. Doch der Vogel war bald darauf verschwunden.

Diese geschilderten Erlebnisse, die nur in diesem Raum stattfinden und in großen Abständen immer wieder auftreten, werfen bei uns die Frage auf, ob es sich dabei vielleicht um sogenannte übersinnliche Wahrnehmungen handeln könnte, um die Form einer Kontaktsuche aus einer jenseitigen, geistigen Welt. Wenn dem so wäre, könnte es sich entweder um unsere Großmutter handeln, die jahrzehntelang in diesem Raum lebte – oder aber um eine alte Dame, die meiner Schwester Zeit ihres Lebens herzlich zugetan war.

Es wäre für uns interessant zu erfahren, ob es sich bei dem geschilderten Phänomen nach Ihrer Erfahrung um ein übersinnliches handeln könnte und, vor allem, wie man darauf richtig reagiert.

Für die Kenntnisnahme meines Schreibens danke ich Ihnen und verbleibe mit freundlichem Gruß.

Ich lege das Schreiben zur Seite und beginne schon mit den Notizen für ein persönliches Gespräch, als ich mich doch für eine E-Mail entscheide. Der Fall scheint mir nicht akut zu sein, also öffne ich eine neue E-Mail und schreibe ihr auf diesem Wege:

Guten Tag,

vielen Dank für Ihr Schreiben an die Parapsychologische Beratungsstelle.

Ihr Fall ist durchaus ungewöhnlich, weil mehrere Personen dasselbe Tier wahrnehmen.

Zur Erklärung muss man in die Anthropologie schauen. Es wird sehr häufig berichtet, dass sich mit dem Ableben von Menschen das Verhalten von Tieren verändert. In den vorzivilisatorischen Gesellschaften gibt es die Tradition, Tiere und Menschen in einen Zusammenhang zu stellen. Jeder Mensch hat gewissermaßen ein Identifikationstier, ein symbolisches Tier, das ihm entspricht. Dieses Muster findet man auch heute immer noch.

Therapeuten fragen ihre Patienten deshalb oft: Welches Tier wären Sie gern, wenn Sie eines sein könnten? Der eine wäre gerne ein Adler, der andere ein Löwe und der nächste ein Bär. Identifikationstiere drücken bestimmte Hoffnungen und Wünsche von Menschen aus. Nicht zuletzt haben die Menschen deswegen Tiere in ihre Wappen genommen. Ihre Präsenz soll Stärke oder Klugheit oder auch Gemeinschaft ausdrücken. Natürlich gibt es auch Tiere, mit denen sich niemand identifizieren mag. Aber auch das bedeutet, dass wir Tieren eine Bedeutung zurechnen.

Eine andere anthropologische Konstante ist, dass wir den Tod als einen Übergang begreifen. Viele Kulturen glauben nicht, dass der Tote tot ist, sie glauben, dass er in ein anderes Reich geht, das vielleicht gar nicht so weit weg ist. Er vollzieht also einen Übergang, und dieser Übergang wird durch verschiedene Bilder symbolisiert. Der Schmetterling ist ein beliebtes Bild. Wenn der Mensch stirbt, so die Vorstellung, macht er eine Verwandlung durch wie einst der Schmetterling, der sich aus der Raupe beziehungsweise der Puppe befreit und schließlich frei wird und fliegt. Ein anderes Symbol für den Tod ist deshalb der

Vogel. Aus demselben Grund: Er kann fliegen, er ist frei. Deshalb kommt es auch nicht von ungefähr, dass in vielen Kulturen die Seele mit einem Vogel identifiziert wird.

Der Psychoanalytiker Carl Gustav Jung bezeichnet solche Symbole als Archetypen des »kollektiven Unbewussten«, wenn man so will als »menschliches Weltkulturerbe«. Sie sind in allen Menschen vorhanden – auch bei jenen, die das nicht wissen. Jung hat angenommen, dass bestimmte Symbole und Figuren, sogenannte Archetypen, in unserem Unbewussten vorhanden sind. Sie werden in bestimmten Situationen aufgegriffen. Dass Vögel im Zusammenhang mit Todesfällen erscheinen oder gehört werden, würde dieser Jungschen Vorstellung von einem Archetyp entsprechen.

Interessant ist in Ihrem Fall natürlich, dass eine Person den Vogel sogar hört. Aber wir wissen, dass der Mensch in existenziellen Situationen, in denen er tief berührt ist, Ungewöhnliches erlebt. Mir hat einmal ein Mann berichtet, dass sich nach dem Tod eines seiner Söhne immer wieder Vögel in seiner Umgebung seltsam auffällig verhalten hätten. Sie seien zu ihm geflogen und hätten sich neben ihn gesetzt, ganz so als wollten sie sich mit ihm unterhalten. Der Mann war ein nüchterner Mensch, dem solche Gedanken fernlagen. Er erklärte mir aber, dass er die Nähe der Vögel als ungeheuer tröstlich erlebt habe, weil sie ihm das Gefühl vermittelten, die Seele seines verstorbenen Sohnes sei anwesend.

Dieses Beispiel entspricht exakt der archetypischen Vorstellung von Carl Gustav Jung.

Nun werden Sie sich fragen, warum Menschen so etwas erleben. Ich sage Ihnen: Betrachten Sie diese Begegnung als eine Art Abschiedsgeschenk. Der Verstorbene will sich von Ihnen verabschieden, er winkt sozusagen ein letztes Mal, und das, was Sie erleben, ist dafür ein archetypisches Symbol.

Die meisten Betroffenen sind in der Lage, das auch von sich aus so zu sehen. Sie verstehen intuitiv die Bedeutung der Szene und sagen mir im Gespräch sogar, sie hätten sie als einen Abschiedsgruß aufgefasst.

Ich verstehe vollkommen, wenn Sie verunsichert sind. Vielleicht aber ist Ihnen einerseits meine Erklärung eine Hilfe und andererseits die Tatsache, dass Sie mit Ihrem Erlebnis nicht allein sind. Was Sie beschreiben, ist kein Anzeichen dafür, dass Sie verrückt sind. So etwas gibt es.

Mit den besten Grüßen aus Freiburg

Walter von Lucadou

Einen Moment lang überlege ich, ob ich ein letztes Mal Carl Gustav Jung zitieren soll. Aus seiner Sicht werden seelische Zusammenhänge, die große Bedeutung für einen Menschen haben, nicht in Kategorien von Raum und Zeit dargestellt, sondern anhand von Symbolen und Verbindungen. Die physikalische Seite der Welt lässt sich nach Jung in Raum-Zeit-Zusammenhängen formulieren – wenn wir aber von Symbolen und Verbindungen sprechen, spielen Raum und Zeit und Kausalität keine Rolle.[36]

Aber ich verzichte auf den Zusatz und sortiere stattdessen endlich alle eingegangenen Briefe, um Übersicht zu bekommen. Ich lege sie auf verschiedene Stapel. Den »Vogel, der vom Tod wusste«, lege ich gleich auf den ersten Stapel, versehen mit einem Notizzettel:

Geister und Erscheinungen.

Auf die anderen Stapel, die noch zu lesen sind, schreibe ich:

Wahrträume,

dann

Telepathie und Hellsichtigkeit

und schließlich

Spuk.

Dem Spuk widme ich mich in allen Gesprächen am ausführlichsten. Es dauert ein bisschen, wenn man eine mögliche Erklärung für einen Spuk herleiten will.

Aber erst zu den Geistern und den Erscheinungen. Wie bei jedem Fall lege ich mir ein leeres Blatt Papier daneben und mache mir Notizen für ein späteres Gespräch.

Ich habe ein großes Problem und möchte es Ihnen hier erst mal schreiben, weil ich momentan nicht den Mut aufbringe, es Ihnen gleich am Telefon zu berichten.

Ich bin Krankenschwester und habe seit über 20 Jahren eine gewisse Gabe. Ich habe schon viele Menschen sterben sehen und habe sie auf ihrem Weg begleitet.

Wenn sie gehen, dann gehen sie nicht allein, sondern sie werden abgeholt. Diese Wesen (gute und auch böse) sind ein paar Stunden vorher da, bevor sie den Sterbenden mitnehmen. Ich kann diese Wesen spüren, sie reden mit mir, ich kann sie in meinem Kopf hören, und sie hören mich auch. Die Guten senden Ruhe, Harmonie, Wohlbefinden; vor ihnen fürchte ich mich nicht. Die Bösen machen mir Angst, sie lösen sofort eine Gänsehaut am ganzen Körper aus, sobald ich sie spüre. Anfang dieses Jahres wurde ich von den bösen Wesen angegriffen. Ich kam ahnungslos in das Zimmer einer Patientin, die im Sterben lag, und lief wie gegen eine eisige Wand. Ich spürte eine eiskalte Hand, die sich um mein Herz schloss, und dachte, meine letzte Stunde hätte geschlagen. Nachdem ich sie zurückgewiesen hatte, ließen sie von mir ab, doch sie waren die ganze Zeit noch im Raum und beobachteten mich, während ich die Patientin versorgte.

Es fing bei uns zu Hause an zu spuken. Die Tastaturen unserer PCs entwickelten ein Eigenleben, oder es wurden Nachrichten gelöscht, wenn man kurz das Zimmer verließ. Dann träumten wir unabhängig voneinander in einer Nacht von einem Dämon.

In der nachfolgenden Zeit passierten weiterhin Spukphänomene. Dieses Wesen ließ mich nicht mehr in Ruhe. Eines Morgens, ich war noch im Halbschlaf, aber schon so weit wach, dass ich es wahrnehmen konnte, griff es mich ein weiteres Mal an. Wieder fühlte ich eine Kältewelle über mich hinweggehen, mir wurde die Decke weggezogen und dann riss es mich einen Moment später hoch, packte mich fest an beiden Oberarmen und schüttelte mich. Ich hatte maßlose Angst, denn wieder saugte es mich regelrecht leer, es war sehr aufgebracht und schrie mich an. Irgendwann ließ es dann von mir ab. Mir taten tagelang die Arme weh, und an beiden Armen waren später Hämatome zu sehen.

Fortan hat es an meiner Arbeitsstelle sein Unwesen getrieben. Ich spürte, wie es durch mich die Energie der Patienten raubte. Und leider hat es sich auch die ein oder andere sterbende Seele geschnappt.

Im Juli und im September hatte ich dann Urlaub und war bei meinen Eltern. Dort war immer alles in Ordnung, das Wesen verschwand nach einer gewissen Zeit, wenn es merkte, dass es keine Nahrung mehr für es gab. Im September hat es mir in einer Nacht noch mal Angst gemacht, seitdem ist es weg.

Können Sie mir irgendwie helfen? Können Sie mir Ratschläge geben, wie ich mich verhalten soll? Ich hoffe sehr, Sie glauben mir das alles, denn es ist die volle Wahrheit; mit so etwas mache ich keine Späße.

Manche Menschen sind so sensibel, dass sie den Tod von vertrauten Menschen vorausspüren. Wenn jemand stirbt, hören sie eine Stimme oder nehmen die Anwesenheit anderer Personen wahr. Meist handelt es sich in den Erzählungen um bereits Verstorbene, die den Sterbenden abholen sollen. Dieses Erzählmuster ist, wie im Fall mit dem nächtlich erscheinenden Vogel, eine anthropologische Konstante: Der Sterbende wird von einem Wesen abgeholt. Manche Menschen können die »Todesboten« wahrnehmen.[37] Diese Fähigkeit beobachtet man normalerweise nur in Zusammenhang mit Menschen, die in engem Kontakt mit dem Sterbenden sind. Deswegen berichten Pflegerinnen oder Krankenschwestern besonders häufig von solchen Erlebnissen. Kann man sie erklären?

Der Tod kommt, abgesehen von Unfällen, nie aus heiterem Himmel. Wenn jemand eines natürlichen Todes stirbt, gibt es vorher Anzeichen. Erfahrene Pflegekräfte spüren das, und dieses Gespür verändert die Wahrnehmung. Die Pfleger kleiden das, was sie spüren, in eine Erlebnisform und nehmen plötzlich eine Person im Raum wahr, die eigentlich nicht da ist. Manche glauben dann, sie hätten es mit der Seele eines Sterbenden zu tun. Das ist nicht ganz abwegig. Es gibt ja die Vorstellung von der Seele, die beim Sterben aus dem Körper entweicht. In alten Häusern im Schwarzwald gab es deshalb ganz oben im Giebel ein Seelenfensterchen, aus dem die Seele des Verstorbenen entweichen durfte. Diese Überlieferung gibt es also schon geraume Zeit, und es darf einen nicht verwundern, wenn sie in abgewandelter Form fortlebt.

Gestützt wird dieses Bild von Menschen, die Nahtod-Erfahrungen hatten. Das sind Menschen, die kurz vor dem körperlichen Tod standen und, so beschreiben sie es selbst oft, schon »ins andere Reich« hinübergeschaut haben. Viele gehen nach diesen Erlebnissen davon aus, dass es so etwas wie eine Seele geben müsse, die sich am Ende des Lebens vom Körper erhebt. Es gibt Berichte, in denen die Menschen ihren Körper von der Decke des Krankenzimmers aus sehen konnten. Das erklärt nicht die Erfahrungen von Pflegern mit vermeintlich anwesenden Personen. Aber es ist ein weiterer Hinweis darauf, dass im Erzähl- und Erfahrungsgut genug Vorstellungen vorhanden sind, die der Kopf in einer Ausnahmesituation abrufen kann, die er vielleicht zu einem Erlebnis formen kann.

In der Parapsychologie gibt es zwei Denkrichtungen. Die eine sagt: Wir müssen annehmen, dass die Seele unabhängig von Raum und Zeit und Körper existieren kann – eventuell auch in Geisterform. Das wäre eine spiritualistische Interpretation. Die animistische Interpretation hingegen sagt: Nein, die paranormalen Phänomene haben allein mit den Lebenden zu tun. Wer von jenseitigen Seelen oder Wesen ausgeht, liegt falsch. Aber was stimmt nun?

Ist die Seele etwas geisterhaft Fernes oder Unabhängiges und wir treffen sie in den paranormalen Phänomenen an?

Aus wissenschaftlicher Sicht wirft die spiritualistische Betrachtungsweise noch mehr Fragen auf, als wir ohnehin schon kennen. Wie muss ich mir zum Beispiel eine Seele vorstellen, die unabhängig vom Körper existiert? Es gibt verschiedene Ansätze in den Neurowissenschaften. Der Nobelpreisträger und Neurophysiologe John Eccles hat zeit seines Lebens (er starb 1997) die These vom Leib-Seele-Dualismus vertreten. Er glaubte, dass die Seele eigenständig existiere und unseren Körper bespiele wie ein Klavier.[38] Wenn wir sterben, ziehe sie weiter zum nächsten »Instrument«.

Ich finde es legitim, so zu denken, und es gibt keinen Grund, das als Spinnerei abzutun. Aber ich glaube nicht, dass wir mit diesem Modell mehr über die paranormalen Phänomene lernen. Es verleitet uns dazu, die Phänomene ins Spiritualistische abzuschieben und sie nicht mehr weiter erklären zu wollen. Ich persönlich glaube nicht an die spiritualistische Variante. Früher sagte man, das Gewitter mache der Donnergott, weil man keine andere Erklärung hatte. Und heute? Inzwischen wissen wir, wie Gewitter funktionieren. Ähnlich ist es nach meiner Überzeugung mit dem Paranormalen. Man kann es erklären. Aber man muss es auch wollen. Ich versuche es immer wieder, wenn ich, wie jetzt, den nächsten Brief vom »Geister«-Stapel nehme:

Ich möchte einfach nur berichten, was sich damals zugetragen hat. Die Geschichte handelt von meinem Opa mütterlicherseits. Er starb an Blutkrebs, als ich im zarten Alter von acht Jahren war. Als ich ihn damals zum letzten Mal sah, wollte er mich noch umarmen, aber ich weigerte mich, zu ihm zu gehen, da mir meine Eltern sagten, er sei schwer krank. Wie es bei Kindern nun mal so ist: Sie haben Angst, sich anzustecken. Alle Erklärungen und Beschwichtigungen meiner Mutter und meiner Oma halfen damals nichts. Ich wollte einfach nicht in seine Arme und mich – das wusste ich damals noch nicht – von meinem todkranken Opa verabschieden.

Ein paar Jahre später, als ich die Krankheit endlich verstand, grämte ich mich und bereute es, dass ich mich nicht von meinem lieben Opa verabschiedet hatte.

Wieder gingen ein paar Jahre ins Land, und mittlerweile war ich 16 Jahre alt. Ich wohnte nun mit meiner zwei Jahre jüngeren Schwester in einer separaten Wohnung direkt neben der Wohnung meiner Eltern. Wir waren praktisch nur durch den Hausflur getrennt. Mitten in der Nacht wachte ich langsam auf. Ich war noch im Halbschlaf, als ich meinen Blick durch mein Zimmer schweifen ließ. Auf den ersten Blick kam mir nichts komisch vor, jedoch auf den zweiten Blick umso mehr. Von meinem Bett aus konnte ich den ganzen Raum betrachten. Der Rollladen war wie jede Nacht oben, und der Mondschein konnte den Raum gut ausleuchten. Auf der gegenüberliegenden Seite von meinem Bett stand links im Eck ein Fernseher und etwas weiter rechts davon ein einfaches Holzregal. Zwischen Fernseher und Regal war ein Stück Wand immer frei und gut zu sehen. In jener Nacht war das allerdings nicht so. Ich konnte die weiße Wand dazwischen nicht mehr sehen und öffnete die Augen etwas weiter.

Wenn ich mich daran erinnere, laufen mir immer noch kalte Schauer den Rücken herunter. Ich versuchte auszumachen, was der Grund für meine »verkehrte« Wahrnehmung war, und vermutete sogar einen Eindringling in meinem Zimmer. Ich sah die

Konturen eines großen Mannes, und als ich erschrocken und verängstigt das Nachtlicht neben mir anschaltete, war plötzlich niemand mehr zu sehen.

Die Wand war wieder wie gewohnt zu sehen. Ich atmete tief durch und schaltete das Licht wieder aus. Nichts. Die Wand war zu sehen, und es geschah auch nichts weiter. In den nächsten zwei Stunden konnte ich nicht mehr schlafen und beobachtete mein Zimmer genau, konnte aber nichts Auffälliges mehr ausmachen. Ich schlief ein und berichtete am nächsten Morgen niemandem von meinem Erlebnis.

Es muss etwa drei Monate später gewesen sein – die Gegebenheiten waren dieselben. Rollo oben, eine helle Nacht und ein langsames Erwachen mitten in der Nacht. Wieder sah ich die Konturen, genau an derselben Stelle, und wieder merkte ich es nicht auf den ersten Blick. Die »Person« stand einfach nur an dieser einen Stelle und rührte sich kein Stück. Diesmal war ich etwas gefasster und zügelte meine Unruhe. Ich sah den Schatten genauer an und führte meine Hand langsam zum Lichtschalter. Ich schaltete das Licht an, und der Schatten war verschwunden. Wieder konnte ich es mir nicht erklären.

Der dritte Vorfall ereignete sich erst ein Jahr später. Die Verhältnisse waren ähnlich wie in den ersten beiden Fällen, aber auf eine seltsame Art und Weise war ich diesmal nicht von Angst befallen. Nein, ich war sehr ruhig, blieb liegen und schaute den Schatten einfach nur an. Nach etwa fünf bis zehn Minuten konnte ich die Konturen des Mannes einer mir bekannten Person zuordnen. Größe und Statur glichen denen meines verstorbenen Opas fast haargenau. Jedenfalls soweit ich das aus meiner kindlichen Erinnerung noch wachrufen konnte. Ich hatte die Gewissheit, dass mir dieser Schatten nichts tun würde, und ohne dass ich es wollte, schlief ich wieder ein.

Als ich 22 Jahre alt wurde, war meine Oma wieder bei uns zu Besuch. Sie sah mich an und sagte, ich würde meinem Opa immer ähnlicher. Ich fragte, wie sie das meine, und sie verwies auf mein Äußeres und vor allem auf die Charakterzüge, die mehr und mehr den seinen ähneln würden. Ich habe das Gefühl, dass sich mein Opa tatsächlich noch von mir verabschieden und mir vielleicht sogar einen Teil von sich dalassen wollte. Ich denke jedenfalls sehr oft an ihn. Jedoch bereue ich nicht mehr, dass ich mich als Kind nicht von ihm verabschiedet hatte.

Ich habe mir beim Lesen ein paar Notizen gemacht und versuche gleich, den Mann zu erreichen. Es ist eine Festnetznummer angegeben und auch eine Handynummer. Auf dem Festnetz ertönt das Freizeichen, aber niemand geht ran. Soll ich es auf dem Mobiltelefon versuchen? Meist fehlt dort die Ruhe, sich ausführlich zu unterhalten, und außerdem ist es eine Kostenfrage. Die Betroffenen ziehen sich zum Gespräch lieber in ihre Wohnung zurück, wo sie ungestört und vor allen Dingen offen über ihre Erlebnisse reden können. Schließlich wähle ich die Mobilfunknummer, einfach um ein Gespräch im Lauf der Woche zu vereinbaren. Nach zwei Freizeichen meldet sich eine Stimme:

»Jaa?«, tönt es laut aus dem Hörer. Der Mann scheint unterwegs zu sein. Ich höre Straßenverkehr im Hintergrund.

»Lucadou hier, Parapsychologische Beratungsstelle in Freiburg.«

»Wer?« Die Stimme schreit gegen den Verkehr an. Ich wiederhole meine Begrüßung.

»Einen Moment«, sagt der Mann. Ich höre, wie die Tür eines Autos geöffnet wird, einen Moment später ist vom Lärm fast nichts mehr zu hören.

»So. Entschuldigen Sie. Ich bin gerade auf einer Raststätte an der Autobahn …«

Als ich mich noch einmal in Ruhe vorstelle, hellt sich die Stimme des Mannes sichtlich auf. Er scheint überrascht zu sein, dass ich mich melde. Viele Menschen, mit denen ich telefoniere, nehmen die Beratungsstelle wohl als etwas skurrile Einrichtung wahr. Wer weiß schon, wie es ist, wenn ein Spukforscher sich meldet? Ist es so, wie wenn eine Behörde anruft? Oder der Pfarrer? Manche mögen denken: Vielleicht hat der Typ da in Freiburg ja selbst nicht alle Tassen im Schrank. Immer wieder höre ich, wie verblüfft die Person am anderen Ende der Leitung ist, dass die Gespräche so normal ablaufen. Anfangs konnte ich mit diesem, als Kompliment gemeinten Satz, wenig anfangen. Inzwischen habe ich begriffen, dass es ein ganz wesentlicher Teil meiner Beratungsleistung ist: Ich vermittle ein Gefühl von Normalität.

»Haben Sie gerade die nötige Ruhe, um über Ihren Fall zu reden?«, will ich nun von dem Mann wissen. Eine Raststätte mag nicht unbedingt der beste Ort dafür sein.

»Über meinen Opa – na, selbstverständlich. Seien Sie ehrlich zu mir: Bin ich ein Spinner?« Der Mann scheint guter Dinge zu sein. Er wirkt, als habe er schon seinen Frieden gemacht mit seinen nächtlichen Erlebnissen. Neugierig ist er dennoch.

»Nun«, beginne ich, »es gibt logische Erklärungen für den Schatten beziehungsweise für das Erscheinen Ihres Großvaters. Die bloße Wahrnehmung des Schattens kann mit Gestaltwahrnehmung zu tun haben: Die Augen nehmen manchmal ganz am Rande des Sichtfeldes etwas wahr, und das Gehirn vervollständigt dieses Bild. Vielleicht kommt der Schatten aber auch einfach von draußen …«

»Das schließe ich aus. Da habe ich schon ein paarmal nachgeforscht«, beeilt sich der Mann zu sagen.

»Gut. Was auch noch sein kann: Sie sind vielleicht in einem hypnagogen Zustand gewesen.«

Ich erkläre ihm den Hintergrund.

»Puh, komplett ausschließen kann ich das jetzt nicht«, sagt er. »Aber warum taucht da gerade mein Großvater auf?«

Noch einmal lasse ich mir die Geschichte vom Tod des Großvaters erzählen. Sie ist nicht ungewöhnlich. Der Mensch ist das einzige Lebewesen, das lernen kann, sich mit Tod und Sterben auseinanderzusetzen. Die meisten Tiere fliehen, wenn ein Artgenosse stirbt. Kinder haben normalerweise eine ganz natürliche Angst vor dem Sterben und dem Tod. Erwachsene haben diese Angst natürlich auch noch, wenngleich sie sich das oft nicht eingestehen wollen. Es ist also normal, wenn der Mann früher als Junge nicht zu seinem kranken Großvater gehen wollte. Und doch machte er sich Vorwürfe, die nie verschwunden sind.

»Wenn Sie etwas erleben, das Sie nicht gleich einordnen können, kann es passieren, dass Sie es mit einem längst vergangenen Erlebnis verbinden, das Sie aber immer noch belastet. Das Problem ist aus der Psychologie bekannt und gehört zum großen Bereich der ›Attributionsphänomene‹, das heißt der Zuordnungsphänomene: Wenn wir ein Problem nicht aufgearbeitet haben und irgendwann ein neues Problem hinzukommt, das wir zudem nicht verstehen, setzen wir die beiden Probleme zueinander in Beziehung. Wir sammeln die Probleme in Gedanken an, in der Hoffnung, für beide möge es eine große Lösung geben.«

»Aber nach so langer Zeit? Kann das noch sein?«

»Mochten Sie Ihren Großvater?«

»Sehr, sonst hätte ich mich ja nicht so darüber gegrämt, dass ich nicht ein letztes Mal zu ihm gegangen bin.«

»Dieser Selbstvorwurf scheint in Ihnen verankert zu sein«, sage ich ruhig und höre, wie der Mann tief einatmet. »Es könnte sein, dass Sie unbewusst Ihr ganzes Leben lang darauf gewartet haben, dieses Problem zu bearbeiten.«

»Glauben Sie?«

»Da muss ich wieder Sie fragen: Wie geht es Ihnen denn damit, jetzt, nachdem es vorbei ist?«

»Schon ganz gut. Ich glaube ja nach wie vor, dass der Schatten entweder mein Großvater war oder dass er zumindest von ihm geschickt worden ist.«

»Warum haben Sie sich dann bei mir gemeldet, obwohl Sie doch schon eine Erklärung gefunden hatten, die Sie offensichtlich akzeptieren konnten?«

»Wie soll ich sagen ...?« Ich höre, wie sich der Mann eine Zigarette anzündet. »... Ich glaube nicht, dass mein Großvater wirklich als Person in meinem Zimmer war. Nur kommt es mir so vor, es ist mehr ein Gefühl, eine Gewissheit, dass er etwas damit zu tun hat. Davon abgesehen hat mich eine echte Erklärung interessiert.«

Danach beenden wir das Gespräch. Der Mann geht vermutlich, nachdem er aufgelegt hat, in Ruhe die »echten« Erklärungen durch, wie er sie genannt hat. Das Beispiel zeigt ganz gut, dass die Angst vor dem Paranormalen in der Regel unbegründet ist. Paranormale Phänomene sind aus meiner Sicht ganz klar Hilfestellungen des Unterbewusstseins. Es gibt solche Erlebnisse, weil sie uns auf Probleme hinweisen oder uns helfen, Probleme zu lösen. Wenn es mir gelingen würde, allen Menschen die Angst vor dem Paranormalen zu nehmen und ihnen eine positivere Haltung zu den Phänomenen zu vermitteln, hätte ich wahrscheinlich meine größte Lebensaufgabe erfüllt.

Immer noch sitze ich an meinem Schreibtisch im Büro in der Hildastraße. Mein Blick schweift über das Regal mit den Ordnern, dann zu den Briefen auf meinem Schreibtisch. »Na ja«, sage ich zu mir selbst angesichts der vielen Briefe. »Ein bisschen wird es noch dauern, bis ich allen die Angst genommen habe.« Dann nehme ich den nächsten Brief zur Hand:

Angefangen hat alles vor einigen Monaten. Ich ging abends in unser Bett und jemand setzte sich zu mir an das Fußende. Es passierte nicht jede Nacht, aber es häufte sich. Dann wurde es so, dass ich im Bett lag und mit einem Mal merkte, wie meine Stimme verschwand, wie ich willenlos wurde, und ich wusste: Wenn ich meinen Mann nicht schnell wecken würde, dann würde etwas versuchen, die Kontrolle über mich zu übernehmen.

Ich habe auch erlebt – das ist allerdings nach der Schwangerschaft mit meinem jüngsten Sohn gewesen –, dass meine Bettseite furchtbar durchgeschüttelt wurde und ich mich beim Träumen von oben betrachtet habe.

Ich habe mit meinem Mann erst nach längerer Zeit darüber gesprochen, dass sich jemand zu mir ans Fußende setzt, sobald ich im Bett liege. Und er sagte mir vor Kurzem, bei ihm sei es jetzt ähnlich. Jemand setzt sich dorthin.

Wir haben einen Teppich bei uns im Flur liegen. Nachts hört man, wie jemand dort drüberläuft. Die Geräusche, die beim Gehen auf dem Teppich entstehen, kenne ich.

Mein großer Sohn hat schon des Öfteren nach mir gerufen, und er weinte, weil etwas bei ihm im Zimmer klopfte. Wir haben dann zu dritt gehorcht, und es war dort tatsächlich ein Klopfen zu hören. Etwas, für das es einfach keine Erklärung gab.

In unserer Wohnung sind plötzlich Abdrücke in den Zimmerdecken – nach innen gewölbte Kreise, so groß wie die Fingerkuppe eines Mannes, teilweise zu einem Dreieck angeordnet, mal zu einem Viereck.

Wir haben von unserem großen Sohn ein paar Fotos geschossen, in seinem Kinderzimmer. Als wir uns diese dann anschauten, waren überall um ihn herum in seinem Zimmer und auch auf dreien, die hier im Wohnzimmer entstanden sind, leuchtende Kreise zu sehen. Wir können es uns einfach nicht erklären. Mein Mann hat nun einige Wochen nachts nicht mehr geschlafen, sondern Wache gehalten. Ich habe in der Zeit bei ihm im Wohnzimmer auf der Schlafcouch geschlafen.

Nach einigen Wochen Ruhe schien es, als ob unser »Besucher« nach einer neuen Möglichkeit suchte, auf sich aufmerksam zu machen. Türen flogen plötzlich auf und zu, und seit vorgestern Abend setzt sich wieder jemand zu mir und versucht, wenn ich träume, sich Zugang zu mir zu verschaffen und mit mir zu reden.

Ich bin wirklich mit den Nerven am Ende. Ich weiß nicht, wer es sein könnte, und ich will es auch gar nicht wissen.

Ich habe überlegt, es heute Nacht zuzulassen und mit demjenigen zu reden. Mein Mann rät dringend davon ab, und meine Schwiegermutter auch! Weil ich dadurch erst recht Tür und Tor für so einiges öffnen könnte!

Ich brauche wirklich die Hilfe von jemandem. Wie kann ich diesen Spuk wieder beenden? Wie soll ich mich verhalten? Heimsuchungen begleiten mich nun mein ganzes Leben lang. Ich weiß nicht – ist es die Großtante, ist es meine Oma, oder ist es jemand/etwas anderes? Ich habe ganz stark das Gefühl, dass nichts Gutes dahintersteckt. Gibt es für mich eine Möglichkeit, irgendwie herauszufinden, wer das ist – ohne dass ich dadurch Schlimmeres verursache? Und wie mache ich demjenigen klar, dass hier für ihn kein Platz ist und dass er wieder verschwinden soll?

Schon während des Lesens vermute ich, dass auch in diesem Fall bei den Erscheinungen ein hypnagoger Zustand vorliegt, der eventuell in einen Spukfall überging, den, wie bei der Frau, deren Familie einen Mann im blauen Overall durch die Wohnung gehen sah, auch andere wahrnahmen. Es kann sich aber auch um einen Fall selektiver Wahrnehmung handeln.

Dieser Begriff der »selektiven Wahrnehmung« stammt aus der Wahrnehmungspsychologie: Wenn jemand auf ein bestimmtes Thema fixiert ist, erkennt er in seinem Leben selektiv all jene Dinge, die in ein bestimmtes Muster passen. Ein Hungriger wird überall Essen sehen. Jemand, der eine Parklücke sucht, wird überall besetzte Parklücken finden – oder freie, je nachdem. Man kann das mit dem Repräsentationsmodell von Paul Tholey erklären. Wenn jemand, wie die Frau, die mir geschrieben hat, eine einmalige Erscheinung hatte, dann wird sie unter Umständen ihren Alltag nach weiteren Erscheinungen absuchen. Sie sucht nach Spuren an den Wänden, auf dem Boden, an den Türen. Sie entdeckt Veränderungen, die zwar vorher schon zu sehen waren, die ihr aber erst jetzt auffallen.

Ich erinnere mich an Fälle, in denen die Menschen behaupteten, bei ihnen würde es spuken. Vor Ort zeigten sie uns dann Kratzer auf dem Boden und an der Tür. Alles, was wir identifizieren konnten, waren aber normale Gebrauchsspuren – zum Beispiel am Türschloss, wo der Schlüsselbund beim Sperren an den Türrahmen schlägt. Die Folgerung: Erst wenn die Leute das Gefühl bekommen, dass es bei ihnen spukt, bemerken sie die Spuren. Die selektive Wahrnehmung sorgt dafür, dass Alltäglichkeiten mit einem Mal anders interpretiert werden. Ich nenne das »okkulte Umorientierung«; dadurch bekommt oft die ganze Lebensgeschichte der Betroffenen im Nachhinein eine vollkommen neue Bedeutung. Manche sehen hier das »Schicksal« am Werk, manche vermuten okkulte Kräfte oder eine Verhexung. Daher kommt es, dass viele meinen: »Es gibt keinen Zufall!«

Ich will die Frau, die mir geschrieben hat, im Laufe der Woche sprechen und mache mir noch ein paar Notizen. Ich kann mir vorstellen, dass allein der hypnagoge Zustand dafür sorgt, dass sie – und auch ihre Familie – ihre Umgebung plötzlich nur noch selektiv wahrnimmt. Jede zufällige Bewegung, jedes flüchtig wahrgenommene Knarren wird zum Beweis für die eigene Geschichte. Ich erlebe es sogar hier bei mir, in der Hildastraße. Manchmal besuchen mich Betroffene zu einem persönlichen Gespräch. Sie kommen zu uns ins Büro, gehen in der Diele über den alten, knarrenden Parkettboden und sagen dann, hellwach: »Ach, ist es hier auch?« Selbst das alltägliche Geräusch eines knarrenden Parketts passt in ihre selektive Wahrnehmung.

Ich lege den Notizzettel zur Seite und nehme das nächste Blatt vom Stapel:

Sehr geehrter Herr von Lucadou,

zufällig las ich beim Arztbesuch in einer Zeitschrift über Ihre Forschungsarbeit in der Parapsychologie. Mir sind nach dem Tod meines Ehemannes auch merkwürdige beziehungsweise unheimliche Dinge passiert, die ich mir nicht erklären kann.

Als mein Ehemann am 29. Mai um 13:55 Uhr für immer die Augen schloss, blieb die Wohnzimmeruhr stehen. Abends ging die Wohnzimmertür von allein auf. Es war kein Durchzug. Nachts klirrte es, als wenn ein Trinkglas herunterfallen würde. Aber als ich nachsah, war alles in Ordnung. Meinem Mann, der an einer aplastischen Anämie starb, fiel oft Geschirr aus der Hand. Wenn ich im Garten in der Laube schlief, polterte es um 24 Uhr. Aus diesem Grund bat ich meine Schwiegertochter einmal, bei mir zu bleiben. Sie bestätigte diese Merkwürdigkeit.

An Heiligabend nachmittags machte ich gerade den Abwasch, als ich plötzlich einen kühlen Luftzug spürte und das Gefühl hatte, es käme jemand in die Wohnung. Ich bildete mir ein, ich hätte einen flüchtigen Schatten gesehen, und schrie auf. Ich nahm an, meine Tochter sei bereits gekommen. Sie hat einen Wohnungsschlüssel. Als ich nachsah, war keiner in der Wohnung. Mir war ganz unheimlich zumute. Ich schiebe diese Merkwürdigkeiten auf meine überreizten Nerven, aber trotzdem hätte ich dazu gern eine fachspezifische Erklärung, wenn es überhaupt eine gibt. Ich hoffe, mit diesem persönlichen Erlebnis zur Forschung ein wenig beigetragen zu haben, und würde mich freuen, wenn Sie für meine damaligen Wahrnehmungen eine plausible Erklärung hätten. Dafür, dass Sie mir ein paar Minuten Zeit geschenkt haben, bedanke ich mich recht herzlich.

»Bitte?«, fragt mich nun eine betrübt klingende Stimme am Telefon, als ich mich bei der Briefschreiberin melde. Ich stelle mich vor und bedanke mich für ihren Bericht. Ich frage, ob sie glaube, ihr Mann habe mit den Ereignissen zu tun.

»Mir kommt es so vor«, sagt sie und spricht dabei sehr langsam und leise, ganz so, als hielte sie sich ein Taschentuch vor den Mund, »als wäre er noch nicht gegangen, als hätte er hier noch etwas zu tun.« Sie macht eine Pause. »Es kommt mir so vor, als wollte er mir noch etwas sagen.«

Die Situation scheint ähnlich wie bei dem jungen Mann zu sein, der sich sicher war, dass sein Großvater ihm die Gelegenheit geben wollte, sich endlich von ihm zu verabschieden. Diese Interpretation von außergewöhnlichen Wahrnehmungen begegnet mir immer wieder in meinen Gesprächen. Kinofilme wie *Ghost* haben den durchaus wahren Satz »Ghosts are unfinished business« – Geister sind unvollendete Aufgaben – im Kopf der Menschen verankert.

»Ist Ihnen die Vorstellung, dass Ihr Mann auf die eine oder andere Weise noch im Haus ist, denn unangenehm?«, frage ich die Frau weiter.

Sie zögert wieder, als müsste sie erst für sich entscheiden, ob ihr die Ereignisse tatsächlich unangenehm sind – so wirkt es in dem Brief auch – oder ob sie in Wahrheit eine Form von Zufriedenheit spürt, wenn sie ihren Mann in der Wohnung weiß und ihn mit den Vorkommnissen in Verbindung bringen kann.

»Es ist … nein«, beginnt sie. »Wenn ich wirklich wüsste, dass er es ist, der dahintersteckt, nein, dann wäre es mir keineswegs unangenehm. Gar nicht.« Obwohl ich sie nicht sehen kann, spüre ich in ihrer Stimme ein leichtes Lächeln.

Wenn es den Betroffenen möglich ist, etwas Positives mit den Wahrnehmungen zu verknüpfen, gehe ich nicht mit dem Flammenschwert dazwischen und löse diese positive

Interpretation auf. In der Beratung nutze ich das, was in den Menschen selbst steckt, um den Fall zu klären. Das bedeutet nicht immer, dass ich alles bis ins Letzte erklären will – ich kläre so weit auf, wie es den Menschen guttut. Der Frau gebe ich die Begriffe »Gestaltwahrnehmung« und »selektive Wahrnehmung« an die Hand. Sie hat dann etwas, um die Ereignisse zu interpretieren.

»Ich gehe davon aus«, sage ich so sanft und nachdrücklich wie möglich, »dass sich das, was Sie erleben, so erklären lässt. Aber ich kann natürlich nicht ausschließen, dass nicht doch Ihr Mann bei Ihnen ist. Niemand kann das zu hundert Prozent ausschließen. Auch ich nicht.«

Ich persönlich bin selbstverständlich recht sicher, dass niemand aus dem Jenseits zurückkehrt, wie es etwa in *Ghost* erzählt wird. Aber ich kann es auch nicht mit letzter Gültigkeit beweisen. Deshalb ist es durchaus legitim, der Frau von dieser Wahrscheinlichkeit zu erzählen. Allerdings nur, wenn ihr diese Wahrscheinlichkeit hilft, die Ereignisse zu verstehen. Wenn der Betroffene die Phänomene belastend findet, wenn sich herausstellt, dass die Beziehung zum Verstorbenen denkbar schlecht war, ist die Vorstellung, er könnte noch durchs Haus spuken, unerträglich. Dann empfehle ich eine ausführliche Dokumentation des Spuks, eventuell das Aufstellen von Tonbändern und Kameras, um ihn zum Verschwinden zu bringen.

»Sagen Sie«, frage ich die Frau zum Ende des Gesprächs, »wie sind Ihre Lebensumstände gerade?«

»Ich lebe allein.«

»Bekommen Sie Besuch?«

»Na ja – sehr selten. Meine Kinder leben weit weg, ich bin alt und traue mich nach dem Tod meines Mannes nicht mehr so oft vor die Tür.«

Ich nicke für mich am Telefon. Immer wieder beobachte ich, dass Einsamkeit eine Rolle bei Geistererscheinungen spielt. Das Gehirn imaginiert die Anwesenheit von geliebten Menschen, alltägliche Vorkommnisse werden diesen Menschen zugeordnet. Besonders ältere Menschen berichten mir oft von solchen Erlebnissen.

»Vermissen Sie Ihren Mann?«, frage ich schließlich sehr direkt.

»Ja«, tönt es so leise wie zu Beginn des Telefonats durch die Leitung.

»Sie sollten sich helfen lassen«, sage ich. Wir besprechen mehrere Möglichkeiten, wie die Frau wieder unter Leute kommen könnte. Wir sprechen darüber, ob sie einer Gruppe zur Trauerbegleitung beitreten möchte, wir sprechen über mehr Besuche bei den Kindern oder der Kinder bei ihr, über die Nachbarn. Ich weiß, dass sich in solchen Gesprächen nicht die Welt auf den Kopf stellen lässt. Meine Möglichkeiten sind so begrenzt wie die eines jeden Psychologen, der am Telefon berät. Ich kann vermitteln, beruhigen und immer wieder versichern, wie jetzt gerade:

»Sie sind nicht verrückt.«

So einfach es klingt: Diese Versicherung hilft, wenn sie ernst gemeint ist.

Die Frau verspricht mir, sie wird sich melden, sollte sie noch einmal Fragen haben oder Hilfe benötigen.

Dieser Fall zeigt, dass ich kein Handwerker bin, dass es auch nicht für jede Geschichte den richtigen Handgriff gibt, mit dem man Bedrängnisse lösen und Ängste vertreiben kann. Meine Möglichkeiten sind durchaus begrenzt. Niemand kann die Erlebnisse der Betroffenen eins zu eins nachvollziehen, niemand kann zu hundert Prozent gültige Antworten geben. In den Gesprächen versuche ich eine Eingrenzung, eine Annäherung an das, was hilft. Ich bin abhängig von dem, was die Menschen mir im Brief oder am Telefon erzählen – nicht immer sind die Geschichten konsistent, sie haben also nicht immer Bestand. Die Sicht auf eine außergewöhnliche Wahrnehmung kann sich immer wieder ändern.

Einmal rief mich eine Mutter an, die ihr fünfjähriges Kind bei einem Autounfall verloren hatte. Es passierte auf dem Weg zum Kindergarten, der nicht weit von der Wohnung entfernt lag. Die Tochter war bei grün über eine Fußgängerampel gegangen. Ein Autofahrer hatte sie übersehen – und sie überfahren. Die Kleine war kurz nach dem Unfall gestorben.

Die Mutter war nicht dabei gewesen, als es passierte, und machte sich schwere Vorwürfe. Sie litt, weil sie ihre Tochter nicht begleitet hatte, weil sie ihr zu viel Selbstständigkeit zugestanden hatte. In ihrer Verzweiflung ging sie einige Wochen nach der Beerdigung zu einem spiritistischen Medium. Das Medium, eine Frau, arbeitete mit Tonbandstimmen: Sie spielte ihren Klienten ein Tonband mit diffusen Geräuschen vor. Die Betroffenen sollten genau hinhören, in der Erwartung, eine Stimme aus dem Jenseits zu hören.

»Ich war sehr überrascht«, gestand die Mutter mir in einem ersten Telefonat. »Aber ich habe dabei wirklich die Stimme meiner Tochter gehört. Sie hat gesagt, dass es ihr gut geht, dass ich mich nicht dauernd schuldig fühlen soll, denn ich hätte es nicht verhindern können.«

»Sie sind sich sicher?«, fragte ich damals nach.

»Ganz sicher. Es war ja ihre Stimme. Sie hat noch einmal gesagt, dass es ihr gut ginge und dass ich mir keine Sorgen machen müsse.«

»War es eine Erleichterung für Sie?«

»Es hat gutgetan. Aber lebendig macht es sie nicht.«

Ich fragte mich, was sie damit bezweckte, mich um Hilfe zu bitten. Wollte die Frau eine Bestätigung von mir, eine Vergewisserung, dass sie wirklich die Stimme der Tochter gehört hatte? Das war recht wahrscheinlich. Sie schien mir einen Rest von Zweifel in der Stimme zu haben, wollte aber doch sicher klingen. Nur: Die Bestätigung konnte ich ihr nicht geben. Gar nicht einmal deswegen, weil ich es für vollkommen undenkbar halten würde, dass es ein Jenseits geben könnte, von dem aus die Toten zu uns sprechen – genau wie alle anderen Lebenden kann ich es weder belegen noch widerlegen. Es ist allerdings vorstellbar, dass man in einer Ausnahmesituation in das Rauschen eines Tonbandes die Stimme der eigenen Tochter hineinhören kann. Die Wahrnehmungspsychologie kennt dieses Phänomen, es funktioniert wie Gestaltwahrnehmung: Das Gehirn versucht, selbst in ein Rauschen einen Sinn hineinzuinterpretieren. Es macht sich auf die Suche nach bekannten Gestalten und Stimmen.

Aber was wäre geschehen, wenn ich das der Frau auf den Kopf zugesagt hätte? Sie hätte wohl aufgelegt. Sie suchte, dieser Eindruck verfestigte sich in mir, eine Bestätigung, sie wollte sich vergewissern. Sie brauchte Halt. Nun wollte ich nicht lügen und behaupten, dass sie recht hatte. Ich wich ihrer Frage mit einer Gegenfrage aus.

»Sind Sie denn mit dem, was Sie von Ihrer Tochter erfahren haben, zufrieden gewesen?«, fragte ich noch einmal.

»Nein, das bin ich nicht«, sagte sie plötzlich und widersprach damit ihrer vorherigen Äußerung, dass die Tonbandstimme sie beruhigt habe.

»Wenn ich es mir genau überlege, dann ist das nicht in Ordnung«, befand sie schließlich nach einer kurzen Pause.

»Was ist nicht in Ordnung?«

»Mit solchen hellseherischen Versuchen wollen die Menschen dem lieben Gott in die Karten schauen. Das gehört sich aber nicht«, sagte sie und erklärte mir dann, dass sie sich nach dem Tod ihrer Tochter der Kirche zugewandt habe.

»Bis heute habe ich keinen weiteren Versuch unternommen, mit meiner Tochter Kontakt aufzunehmen.«

»Vielleicht ist das gut so.«

»Auf jeden Fall«, sagte sie. Sie schien mir ihrer Haltung sehr sicher zu sein. Sie schien außerdem in der Kirche eine Stütze gefunden zu haben. Ich überlegte, ob ich noch einmal zu einer Erklärung ansetzen sollte, ließ es dann aber bleiben.

»Bitte melden Sie sich noch einmal, wenn Sie wieder reden wollen«, sagte ich.

Wir beendeten das Gespräch – ohne dass wir wirklich über den Grund für das Tonbandhören gesprochen hatten.

Etwa vier Wochen später klingelte das Telefon, die Frau meldete sich erneut bei mir.

»Sie haben mir neulich meine Frage nicht beantwortet«, sagte sie ohne lange Vorrede.

Ich hatte keine Ahnung, worauf sie anspielte.

»Ich wollte von Ihnen wissen, ob ich wirklich meine Tochter aus dem Jenseits gehört habe.«

Ich musste unwillkürlich lächeln. Ich sah ein, dass ich der Antwort nicht würde ausweichen können, und erklärte ihr, dass man nicht beweisen könne, ob da wirklich ihre Tochter gesprochen habe oder nicht, dass ich persönlich es aber nicht glaubte. Ich erklärte das wahrnehmungspsychologische Phänomen hinter dem Tonbandstimmenhören.

»Dieser Theorie zufolge«, sagte ich ihr, »ist es vollkommen klar, dass Sie in einer Ausnahmesituation die Stimme Ihrer Tochter hören.« Ich erklärte, dass nichts Schlimmes dahinterstecke, dass man Tonbändern aber keine Beweise für ein Leben im Jenseits ablauschen könne.

Dann geschah etwas, was mich verblüffte.

»Endlich«, sagte die Frau und seufzte. »Sie sind der Erste, der mir darauf eine richtige Antwort gibt.«

»Wie meinen Sie das?«, fragte ich zurück.

»Ich glaube auch nicht, dass ich Kontakt zum Jenseits gehabt habe.«

Die Menschen, denen die Frau von der Botschaft ihrer

Tochter berichtet hatte, haben sie offenbar einfach in dem Glauben gelassen und ihr aus Pietät oder aus Desinteresse nicht widersprochen. Dennoch spürte sie unbewusst, dass die wahrgenommene Stimme keinen Beweis darstellte. In der Trauer nach dem Unglück war diese spiritistische Vorstellung, mit der Tochter im Jenseits zu sprechen, für sie ein Notanker, ein Strohhalm, nach dem sie gegriffen hatte. Ich behaupte, dieser Strohhalm hat sie gerettet. Zumindest fürs Erste. Ihre Tochter hatte ihr »gesagt«, dass sie damals bei dem Unfall keinen Fehler gemacht hatte. So konnte sie die Schuld, die sie sich selbst gab, besser verarbeiten. Eine Zeit lang war die Vorstellung von der Tochter auf dem Tonband daher nützlich für sie. Sie fand sich damit nach dem Tod ihrer Tochter in der Welt besser zurecht – in dem Glauben, dass es der Tochter dort im Jenseits immerhin so gut ging, dass sie mit ihr sprechen konnte. Mit der Zeit aber wurde ihr die Vorstellung von Toten, die auf Tonbändern zu uns sprechen, zur Last. Sie erkannte, dass sie in der Trauerzeit an etwas wahrscheinlich Unmögliches geglaubt hatte. Aber war das verurteilenswert, wenn es ihr bei der Trauer geholfen hatte?

Ich glaube, es ist ein Irrtum, zu denken, Überzeugungen könnten sich nicht verändern. Unsere Sicht auf die Welt ist von der Situation abhängig, in der wir uns befinden. Wenn wir uns die Mühe machen und genau darauf achten, wie wir denken und glauben, werden wir feststellen, dass sich unsere Vorstellung vom Tod oder unsere Einstellung zu philosophischen Fragen im Lauf des Lebens immer wieder ändert. Wenn wir verliebt sind, ist die Welt rosarot, und wir sind optimistisch und tatkräftig. Wenn wir trauern, fehlt uns jede Kraft, und wir sehen keinen Sinn mehr. Stimmungen spielen bei der Beurteilung von Menschen, die mir von paranormalen Phänomenen berichten, eine wichtigere Rolle, als man gemeinhin annimmt.

12. Kapitel:

Legende oder Wirklichkeit?

In den vielen Jahren meiner Arbeit in der Beratungsstelle habe ich gelernt, gelassen ans Telefon zu gehen. Nur durch Nachfragen und mit viel Erfahrung bin ich so weit gekommen, die Ereignisse, zumindest aus meiner Sicht, richtig einzuordnen. Zum Beispiel ist Geistererscheinung nicht gleich Geistererscheinung. Ein Fallbeispiel dazu aus meinem Archiv:

> Bitte verstehen Sie, dass ich, ohne langes »Drumherum«, einfach damit beginnen möchte, wo mein respektive unser Problem liegt, da ich fast am Ende meiner Kräfte, meines Verständnisses und meiner Energie bin. Ich selber werde vom »Spuk«, von kurzen, nicht nennenswerten Unterbrechungen abgesehen, seit 27 Jahren verfolgt. Doch in den letzten drei Jahren, seit mein Sohn auf der Welt ist, kann man sagen, dass es unerträglich ist. Ich möchte allerdings nicht unerwähnt lassen, dass ich nicht unter Schizophrenie, Halluzinationen oder Wahnvorstellungen leide und dass meine Eltern bezeugen können, dass das, was ich Ihnen schreibe, der Wahrheit entspricht.
>
> Seit mein Sohn, den ich selbstverständlich über alles liebe, auf der Welt ist, habe ich mit Phänomenen zu tun, die mein geistiges Fassungsvermögen übersteigen. Als er vielleicht zwei oder drei Monate alt war, fingen Gegenstände an, aus den Regalen zu »fallen«. Glühbirnen und Sicherungen brannten durch, und in seinem Kinderzimmer »holterte« und »polterte« es, sodass mein damaliger Ehemann die Flucht ergriff und wir uns scheiden ließen. Als mein Sohn etwa sechs Monate alt war und ich eines Morgens sein Zimmer betrat, waren sämtliche

Möbelstücke verrutscht. In der Nacht wurde auf Kommoden und Schränke geklopft, die mehrere Meter von ihm entfernt waren und die er definitiv nicht erreichen konnte. In meiner grenzenlosen Naivität suchte ich zuerst Kinderärzte auf, gab dies jedoch auf, nachdem ich mir dachte, ich laufe Gefahr, dass man mich als »psychisch krank« in die Psychiatrie einliefern könnte.

Mein Sohn hat es schon fertiggebracht, ein Auto (Automatik-Schaltung) fahren zu lassen. Das war so abgelaufen, dass mein Freund mit meinem Sohn an einer Ampel stand, vor ihnen ein Lkw. Mein Sohn meinte, er wolle jetzt und sofort losfahren, und mein Freund erklärte ihm, dass dies nicht möglich sei: Ampel rot – Lkw vor ihnen. Daraufhin sagte mein Sohn: »Schieb ihn an, du kannst den Lkw doch anschieben.«

Mein Freund gab keine weitere Antwort, und plötzlich ging das Gaspedal des Autos nach unten, und der Wagen fuhr »von allein« los, schob sich in den Lkw, mein Freund stieg aus, beobachtete, wie sich sein Auto »von allein« zu Schrott fuhr, und mein Sohn saß hinten drin und lachte und freute sich. Der TÜV und das Qualitätsmanagement von Mercedes konnten keinen technischen Defekt finden und meinten süffisant, dass mein Freund wohl Gas und Bremse verwechselt hätte. Wir fragten meinen Sohn, ob vielleicht er dahinterstecke, und er meinte: »Ja, das ist doch kein Problem, das mache ich mit meinem Finger.«

Die Geschichte ist sehr gut erzählt und hat in gewisser Weise auch eine Pointe. Aber genau das macht mich stutzig. Ich kann nicht ausschließen, dass der Bericht von bestimmten filmischen Vorgaben inspiriert ist. Das passiert häufiger bei den Geschichten, die man mir erzählt, das heißt aber nicht notwendigerweise, dass die Leute es nicht erlebt haben. Die Frage ist nur, ob die nahegelegte Interpretation auf das Geschehen zutrifft.

Zunächst könnte man meinen: Aha, ein Kind zeigt übernatürliche Fähigkeiten, und die Eltern fürchten sich davor. Das Kind stellt sogar massiven Unfug an, indem es ein Auto zerstört. Die Szenerie kommt einem bekannt vor. Es gibt Horrorfilme wie *Das Omen*, in denen genau dieser Ablauf durchexerziert wird: Ein kleiner Junge entpuppt sich als Höllenbaby, das übernatürliche Kräfte entwickelt und Unheil anrichtet. Hier in diesem Fall geschieht kein großes Unheil, wenn man einmal vom Blechschaden absieht. Der Crash hat zwar nichts mit dem Teufel zu tun, aber es ist denkbar, dass es bei den Betroffenen gespukt hat. Womöglich hat es sogar mit dem Jungen zu tun, aber sehr wahrscheinlich ist das nicht.

In solchen Fällen muss man das Augenmerk auf die Deutung der Berichterstatter lenken. Wenn ein Bericht gleich eine »runde« Erklärung nahelegt, werde ich skeptisch. Im vorliegenden Fall werden einzelne Ereignisse wie in einem Film auf eine Wäscheleine gehängt, sodass am Schluss ein stimmiger Film entsteht.

Der amerikanische Autor Jan Harold Brunvand[39] hat in seinem in den Achtzigern erschienenen Buch *The Vanishing Hitchhiker* als einer der Ersten dem Anhalterphänomen nachgespürt. Wir kennen die Geschichte in verschiedenen Varianten auch in Deutschland: Im Bayerischen Wald wird bei Novembernebel ein Auto von einem Tramper angehalten. Er setzt sich in den Fond des Wagens, murmelt während der Fahrt unverständliche Dinge, man fährt eine Weile, der Anhalter plaudert leise vom Weltuntergang, und als der Fahrer ihn absetzen will – sitzt der Anhalter plötzlich nicht mehr da.

Solche Geschichten nennen wir auch Wanderlegenden, weil sie immer weitergegeben werden. Jan Harold Brunvand nannte sie erstmals »Urban Legends«, urbane Legenden. Er hat nach den echten Vorlagen dieser Geschichten, dieser Erscheinungen gesucht. Es gibt sie auch tatsächlich, nur haben die echten Erlebnisse keine Pointe und keine Dramatik. Sie werden erst beim Weitererzählen tauglich gemacht, um ein größeres Publikum zu erreichen. Der echte Anhalter hat vielleicht vom Weltuntergang geredet, ist dann aber, als der Fahrer ihn absetzen wollte, einfach wortlos ausgestiegen. Eine seltsame Begegnung, durchaus, aber er war sehr wohl lebendig und keine Erscheinung.

Zu diesem Original gibt es viele Abwandlungen. Es gibt die Geschichte, in der der Anhalter eine junge Dame ist. Der Fahrer fährt sie heim, bringt sie zu ihrem Haus, sie geht hinein. Dummerweise lässt sie ihre Jacke auf dem Rücksitz liegen. Als der Fahrer die Jacke am nächsten Tag zurückbringen will, erfährt er, dass die junge Frau genau an der Stelle, an der sie am Abend vorher in seinen Wagen gestiegen ist, drei Jahre zuvor verunglückt war. Das ist eine spannende und gruselige Geschichte, aber sie stimmt sehr wahrscheinlich nicht. Vielleicht war in der Ursprungsgeschichte von der Schwester der Frau die Rede, die nach Hause gebracht wurde. Die echten Geschichten haben meistens keine dieser Pointen. Sie lassen sich nicht so eindeutig interpretieren. Aber sie sind zumindest ein bisschen irritierend.

Bei dem Unfall, den das Kind angeblich verursacht hat, wird die Pointe so nahegelegt, dass ich sagen würde: Hier ist ein gerüttelt Maß an eigener Deutung in der Erzählung, die wahrscheinlich falsch ist. Ich habe der Mutter damals geraten, ein Tagebuch anzulegen, in dem sie die Phänomene beschreibt: Was ist passiert? Wer war dabei? Unter welchen Umständen ist es passiert? Womit waren Sie gerade mental befasst, bevor Sie das seltsame Erlebnis hatten?

Sie fand die Idee selbst gut und versprach mir sogar, mir die Aufzeichnungen zu schicken. Gekommen ist nie etwas, was mich aber nicht sonderlich verblüfft. Die Geschichte, die sie mir erzählt hatte, war vielleicht schon zu perfekt, um wahr zu sein.

13. Kapitel:

Vom Umgang mit Wahrträumen

Es ist nun schon Nachmittag geworden in meinem Büro in der Hildastraße. Immer wieder werde ich bei meinen Gedanken über frühere Fälle von Anrufen unterbrochen. Ein Radiosender bereitet zu Halloween eine Sendung über Spukphänomene vor und bittet um ein Interview, dem ich gern zustimme. So wichtig die Arbeit am Telefon auch ist – genauso wichtig ist es, immer wieder in der Öffentlichkeit über etwaige Geister oder Erscheinungen zu sprechen. Nur wenn ich aufkläre, kann ich das Tabu brechen und die Menschen dazu bewegen, offen über paranormale Erlebnisse zu berichten.

Eine Volkshochschule aus dem Badischen fragt wegen eines Vortrags im kommenden Jahr an. Ein Zürcher Theater plant eine Diskussion zum Spuk, weil das Thema der Spielzeit mit Geistern zu tun hat. Schließlich nehme ich mir den nächsten Briefstapel mit dem Notizzettel »Wahrträume« vor und lese:

Liebes Beratungsteam!

Ich habe in einer Zeitschrift einen Bericht über »Jasmin, 18: Eine weiße Hexe« gelesen. Dort steht, dass sie übersinnliche Kräfte hat, mit denen sie zum Beispiel die Kopfschmerzen ihres Vaters »wegzaubern« und gute Noten in der Schule »herzaubern« kann. Außerdem hat/hatte sie öfter Visionen, zum Beispiel dass ihre Tante hochschwanger sei, obwohl diese sich seit Jahren vergeblich ein Kind wünschte. Eine Woche nach der Vision erfuhr Jasmins Tante vom Frauenarzt, dass sie in anderen Umständen war.

Ich habe zwar keine Visionen, aber ich habe Träume. Beim ersten Traum war ich 13 Jahre alt. Ich träumte von einem Jungen, den ich noch nie gesehen hatte. Am nächsten Tag sah ich ein Musikvideo, in dem genau derselbe Junge war. Er hatte auch dieselben Sachen an. Beim zweiten Mal träumte ich von einer Beerdigung, auf der alle Verwandten von mir waren. Ich stand ganz vorn mit meiner Tante, als der Sarg ins Grab gelassen wurde. Zwei Tage später kam mein Opa mit Lähmungserscheinungen ins Krankenhaus. Zweieinhalb Wochen später starb er. Die Beerdigung verlief genauso wie die in meinem Traum.

Als ich den dritten Traum hatte, hatte ich mich gerade mit meiner Freundin gestritten. Ich träumte, dass sie in der Schule zu mir kommen würde, um sich zu entschuldigen, während ich gerade vor unserem Kiosk stand. Am nächsten Tag war es dann auch so.

Jetzt habe ich aber schon dreimal geträumt, dass ein Junge, den ich sehr gern habe, von einem Auto angefahren wird und stirbt. Und das passiert immer an der Kreuzung, an der er im letzten Herbst angefahren wurde. Und immer erzählt mir mein Freund Timm, dass Basti (so heißt der Junge) tot sei, dass er mir sagen soll, dass Basti mich immer noch liebt (wir waren mal zusammen). Ich habe jetzt solche Angst, dass es wirklich passiert. Was soll ich machen?

Als ich den Brief zur Seite lege, fällt mein Blick auf meine Archivordner. Es gibt einen ähnlich gelagerten Fall, in dem mich eine Frau anrief. Nach kurzer Suche finde ich meine Notizen und sehe den Fall wieder vor mir:

Die Frau rief mich damals an und erzählte zuerst, dass sie bereits zwei Freunde durch einen Motorradunfall verloren habe. Jedes Mal habe sie vorher von dem Unfall geträumt, sodass sie nun alarmiert sei, denn: Sie träume wieder von einem Unfall. Dieses Mal stehe ihr Freund im Mittelpunkt, der sich gerade ein Motorrad zulegen wolle. »Ich habe jetzt schon dreimal geträumt, dass er auch bei einem Motorradunfall ums Leben kommt.« Sie sagte mir, dass sie nun, gerade wegen der beiden anderen Träume, fürchterliche Angst habe. »Ich habe ihn darauf angesprochen«, erzählte sie. »Ich habe ihm von meinen Träumen erzählt, aber er mag mir nicht glauben. Nun flehe ich ihn an, sich kein Motorrad zu kaufen.« Offensichtlich konnte er ihre Furcht nicht nachvollziehen. Die Frau suchte Hilfe. Träumte sie wirklich Ereignisse vorher?

Mein Mentor Hans Bender sprach bei Wahrträumen immer von einem »sehr engen Band zwischen dem inneren und äußeren Schicksal«. Der Psychoanalytiker Carl Gustav Jung schrieb in einer Arbeit von seiner Idee eines »organisierenden Archetypus«, der unabhängig von Zeit und Raum »sinnvolle Koinzidenzen zwischen Psyche und Natur herbeiführe«. Jung geht in seiner Analyse davon aus, dass in jedem Menschen archetypische Bilder angelegt sind, auf die wir zurückgreifen können. Diese Bilder können wir intuitiv erfassen, zum Beispiel im Traum. Sie sollen uns laut Jung auf etwas in unserem Leben hinweisen. Wenn dieses Konzept richtig ist, könnte man sagen:

Ja, es gibt Wahrträume. Auch wenn sie keinen mystischen Ursprung haben, sondern aus uns selbst stammen.

Würde das auch heißen, dass man Wahrträume nutzen kann? Dass man die Lottozahlen oder den Fortgang einer Partnerschaft vorhersehen kann?

Manche Menschen versuchen, aus der latenten Fähigkeit, Ereignisse vorherzuträumen, eine Art Geschäftsmodell zu machen. Manche bieten anderen ihre Dienstleistung an, indem sie als Hellseher arbeiten. Das ist ein Fehler, den viele Hellseher machen, die über ein eigenes paranormales Erlebnis in den »Beruf« finden. Sie denken, sie würden Signale empfangen. Ein Mensch, der spontan paranormale Erlebnisse wahrnimmt, hat aber keine Möglichkeit, diese auf

Wunsch herbeizuführen. Es gibt keinen Schalter, den man drücken könnte, und keine Kraft, die zum Einsatz kommt. Damit schließe ich nicht aus, dass es Wahrträume gibt. Es ist, wie ich schon andeutete, sehr wahrscheinlich kein Zufall, wenn jemand Szenen erlebt, die er vorher geträumt hat. Sehr wahrscheinlich gibt es einen Bedeutungszusammenhang zwischen einem Traum und der Person, die in einem Traum vorkommt. Überhaupt haben Träume eine Funktion. Sie weisen uns wahrscheinlich auf Handlungsoptionen in unserem Leben hin.

Träume sind vermutlich auch dazu da, unser Augenmerk im Alltag auf Alternativen oder auf Probleme zu richten, die wir noch nicht realisiert haben. Wir sollten den Traum, den Wahrtraum zumal, als Alarmsignal akzeptieren. Wenn im Auto eine rote Lampe aufleuchtet, wäre es ja auch dumm zu glauben, es handle sich um einen Zufall. Vielleicht weiß man nicht immer gleich, was die rote Lampe bedeutet. Sie ist aber eine Aufforderung, in die Werkstatt zu fahren.

Was ist also zu tun, wenn Sie öfter einen Wahrtraum haben? Es gibt eine Technik, mit Wahrträumen richtig umzugehen. Ich nenne sie »Bildergalerie«. Wenn Sie festgestellt haben, dass Sie häufiger von etwas träumen, das dann auch eintritt, dann sollten Sie Ihre Träume sofort nach dem Aufwachen aufschreiben, so präzise wie möglich. (Sie vermeiden damit außerdem, dass Sie sich hinterher nur einbilden, Sie hätten eine Begebenheit zuvor geträumt.) Das ist der erste Schritt. Der zweite Schritt: Versuchen Sie, alles zu notieren, was Ihnen als Deutung einfällt für das, was im Traum vorkommt. Angenommen, Sie träumen, Ihr Cousin liege in einem Sarg. Der Traum erschüttert Sie, weil Sie sehr an ihm hängen. Nun wachen Sie auf, in dem Wissen, dass Sie schon früher Wahrträume hatten. Sie sortieren sich, notieren den Traum und die erste naheliegende Interpretation: Es könnte sein, dass Ihr Cousin sehr bald stirbt. Das ist das erste Bild, das Sie sich gedanklich an die Wand hängen. Was aber, wenn das archetypische Bild, wie Jung es nennt, symbolisch gemeint war? Vielleicht bekommen Sie Krach mit dem Cousin und sagen ihm, er sei für Sie gestorben? Dann könnte man den Traum auch so interpretieren; das wäre ein zweites mögliches Bild. Oder will der Cousin in eine andere Stadt ziehen? Will er eine Beziehung eingehen, über die die Verwandtschaft entsetzt ist? Für jede Interpretation können Sie ein Bild an Ihre imaginäre Wand heften. Und hängen Sie sich ruhig noch einen leeren Rahmen in Ihre Bildergalerie; der ist für die Interpretation, die Ihnen noch nicht eingefallen ist. Aus jeder Sichtweise resultiert eine mögliche Handlungsanweisung. Ist es wirklich an der Zeit, Ihren Cousin endlich zu besuchen, weil er stirbt? Ist es an der Zeit, sich bei ihm zu entschuldigen, weil Sie ihn beleidigt haben? Ist es an Ihnen, der Familie die Vorteile der neuen Beziehung vor Augen zu führen? Braucht er vielleicht Hilfe beim Umzug?

Der Fall ist, wie die Bildergalerie, nur ein Beispiel. Aus jedem Bild, jeder Interpretation resultiert aber eine Anregung dafür, Ihre Sichtweise zu verändern. Sie erweitern im Blick auf Ihren Cousin Ihren Horizont.

Die Wahrträume sind eine Quelle der Kreativität und der Orientierung. Sie warnen, inspirieren und schützen. Wenn jemand stirbt, ist das immer schockierend. Früher oder später ereilt der Tod jeden, und wenn ich mich darauf vorbereiten kann, dass geliebte Menschen sterben werden, lerne ich auf gewisse Weise, damit umzugehen.

Aber ist der Frau mit den geträumten Motorradunfällen und dem Mädchen, das mir geschrieben hat, damit geholfen? Schließlich handelt es sich um entsetzliche Träume.

Wenn ein Traum der jungen Frau zweimal auf so tragische Weise wahr wurde, dann wird es wohl auch ein drittes Mal stimmen. Daher erscheint es plausibel, den Rat zu geben, dass sich der junge Mann das Motorrad auf keinen Fall kaufen soll. So würde der Laie argumentieren oder ein Freund, der es gut meint und der Wahrträume nicht von vorneherein ablehnt.

Ein Psychologe wäre vielleicht der Auffassung, man müsse zunächst analysieren: Warum hat sie diese Angst? Warum träumt sie das? Die junge Frau würde hören, sie habe womöglich Bindungsangst oder sei eifersüchtig, betrachte vielleicht das Motorrad als Nebenbuhlerin.

Wenn wir generell davon ausgehen, dass solche Träume Fantasien sind, wäre das ein großer Fehler. Darum kann es nicht nur um eine psychologische Analyse der jungen Frau gehen. Die eigentliche Frage ist geradezu mathematischer Natur und lautet: Wie groß ist die Wahrscheinlichkeit, dass sich der Traum ein weiteres Mal erfüllt? Gut gemeinte Ratschläge, die Frau solle sich von dem Freund trennen, weil er ihre Sorge nicht versteht, wären fehl am Platze. Warum soll es nicht liebenswerte Motorradnarren geben, die auch noch vorsichtig fahren können? Es ist nicht meine Aufgabe, mich hier einzumischen; eine nüchterne Analyse ist gefragt.

Natürlich ist die Frau durch die früheren Erlebnisse traumatisiert. Damit steigt auch die Wahrscheinlichkeit, dass sie nach der Ankündigung ihres Freundes, sich ein Motorrad zu kaufen, in Panik gerät und Träume von Motorradunfällen hat.

Auf der anderen Seite wissen wir von unseren Experimenten, dass Präkognition kein zuverlässiges Signal darstellt, sondern eine Verschränkungskorrelation. Das bedeutet, dass wir immer erst hinterher entscheiden können, wie der Traum gemeint war!

Außerdem kommt hinzu, dass Verschränkungskorrelationen die Eigenschaft haben, sich genau in dem Moment zu verändern, in dem man sie behandelt wie ein zuverlässiges Signal. Daraus folgt, dass die Wahrscheinlichkeit, dass er so, wie er geträumt wurde, auch eintritt, mit jedem Wahrtraum abnimmt. Wir haben es also mit zwei gegenläufigen Prozessen zu tun – der eine erhöht die Wahrscheinlichkeit für solche Träume, der andere verringert die Wahrscheinlichkeit ihres Eintreffens.

Genau diesen Sachverhalt habe ich der jungen Frau erklärt. Sie wirkte daraufhin zwar schon gelassener, wollte aber wissen, was sie nun eigentlich tun könne.

In der Tat gibt es noch einen aktiven Teil beim Umgang mit Wahrträumen. Es ist fast wie im Märchen. Es gibt eine Pi-mal-Daumen-Regel: Wenn die Träume angenehm waren und etwas ausdrückten, was man sich wünscht, soll man nicht darüber sprechen und sie möglichst schnell vergessen. Wenn es etwas Schlimmes ist, soll man mit den Betroffenen darüber reden. Die meisten Menschen haben dabei Angst vor »sich selbst erfüllenden Prophezeiungen« und trauen sich daher nicht, das Unheil anzusprechen. Natürlich soll man niemandem unnötig Angst machen, aber das Dokumentieren eines Wahrtraums blockiert sein Eintreten. In diesem Falle hatte die junge Frau ja schon mit ihrem Freund gesprochen. Das war gut so, und ich sagte ihr das auch.

Ich weiß: Oft ernten die Betroffenen in einer solchen Situation hinterher Hohn und Spott, weil sie als überbesorgt gelten – vor allem wenn nicht wirklich etwas passiert. Ich denke aber, das ist nur ein kleines Übel.

14. Kapitel:

Tabuthemen: Verhexung, Verfluchung

Ein weiterer Brief, den ich in die Hand nehme und der mit Telepathie zu tun hat, wirft wieder die Frage auf, ob Menschen Gedanken übertragen können. Kann es sein, dass ein uns übel gesinnter Mensch uns mit Gedanken verflucht und Einfluss auf uns nimmt?

Sehr geehrter Herr von Lucadou!

Ich freue mich, Sie durch den ersten brieflichen Kontakt kennenzulernen.

Vor circa sechs Jahren habe ich mich von meiner Frau getrennt, weil ich mit einer anderen Frau eine neue Beziehung eingegangen bin. Meine Exfrau machte mir mehrere Eifersuchtsszenen, die aber ihre Wirkung verfehlten. Der Haken an der Sache ist aber, dass sie sich schon immer mit spiritistischen Sitzungen beschäftigt hat. Ein guter Freund von damals teilte mir seinerzeit mit, dass sie einmal zwei Voodoo-Puppen habe anfertigen lassen und sie auf dem Friedhof vergraben hat.
Ob das hundertprozentig der Wahrheit entspricht, kann ich nicht sagen. Aber auszuschließen ist es nicht, da sie sich schon immer mit so etwas befasste. Ich glaube, dass ich mittlerweile davon betroffen bin.

Es fing an mit meinem Bein, mit dem ich auf einer Wiese umgeknickt bin. Nach dem Missgeschick war mein Bein ein Trümmerhaufen, ich habe einige Monate im Krankenhaus verbracht. Ich bin immer noch krankgeschrieben und leide an starken Schmerzen, obwohl der Unfall schon vier Jahre zurückliegt.

Finanziell bin ich dadurch schwer geschädigt. Früher war ich selbstständig, heute bin ich nun Sozialhilfeempfänger.

Dann höre ich ständig Klopfzeichen in der Wohnung. Die Türen gehen von selbst auf, obwohl niemand außer mir da ist.

Eines Abends beim Fernsehen hatte ich einen brennenden Schmerz im Bein. Als ich am folgenden Morgen wach wurde, hatte ich einen Riss über den ganzen Oberschenkel, und mein Bein war wieder einmal wund.

Ich habe einen drei Jahre alten Sohn, mit dem wir nur Pech haben. Wir müssen mit ihm zum Kinderpsychologen, weil er ein sehr aggressives Verhalten an den Tag legt, mit dem wir nicht fertig werden. Ich könnte Ihnen noch viel mehr schreiben, aber das würde kein Ende nehmen. So arm wie heute war ich noch nie in meinem ganzen Leben. Ich würde mich freuen, wenn Sie mir helfen könnten.

Fälle wie dieser liegen verhältnismäßig oft in meinem Postfach. Menschen, die sich in einer anhaltenden Lebenskrise befinden, fühlen sich vom Unglück verfolgt. Ich notiere mir die Worte »synchronistische Überschwemmung« auf einem Blatt Papier, als ich den Brief zur Seite lege.

Die synchronistische Überschwemmung tritt bei einer Reihe von paranormalen Phänomenen auf; unter anderem findet man sie bei dem, was wir als »Verhexung«[40] bezeichnen.

Im vorliegenden Fall würde ich jedoch nicht von einer Verhexung, sondern eher von einer Verfluchung sprechen. Das ist ein ernsthaftes Problem, das von den Kollegen aus der Psychologie zu wenig beachtet wird. Verfluchung gibt es in vielen Familien; viele Konflikte enden mit der Verfluchung eines Streitgegners. Sozialpsychologisch ist es das Schlimmste, was einem passieren kann: Die Verfluchung ist höchst wirksam, auch wenn wir es nicht glauben wollen.

Zwischenmenschliche Katastrophen kommen jeden Tag vor; allerdings wird im Bekanntenkreis nicht besonders oft darüber gesprochen. Verfluchung oder, wenn man so will, schwarze Magie ist ein Tabu. Ich glaube nicht, dass schwarze Magie so funktioniert, wie sie in Voodoo-Filmen dargestellt wird. Wenn es denn ginge – hier eine Puppe, der in den Kopf gestochen wird, dort ein Mensch, den prompt Kopfschmerzen heimsuchen –, so wäre das sehr interessant, weil wir dann ein zuverlässiges Phänomen vor uns hätten, das man untersuchen könnte. Es gibt aber keine Signalübertragung, sondern sehr wahrscheinlich eine Form der Verschränkung: Wenn jemand verflucht wird, entsteht eine starke Verschränkung zwischen demjenigen, der den Fluch ausspricht, und dem Betroffenen. Der Betroffene kann an nichts anderes mehr denken als an den Fluch. Er ist ständig damit beschäftigt, den Fluch zu überdenken, er verbringt in Gedanken den ganzen Tag damit. Wenn er versucht, den Fluch wegzudrängen, wird es ihm nicht gelingen. Schließlich kommt die synchronistische Überschwemmung hinzu. Ein Unglück scheint das andere zu jagen. Es entsteht eine Kette von Unglücksfällen. Man kann nicht genau sagen, ob die Menschen ihre Umwelt nun selektiv wahrnehmen, ob sie also nur noch Ereignisse sehen und erleben, die Unglück bedeuten, oder ob es die Häufung von Missgeschicken tatsächlich gibt.

Ich bin überzeugt, dass es so etwas gibt: Menschen können vom Unglück verfolgt werden. Wir reden aber kaum darüber, und je weniger wir darüber reden, desto weniger kann man den Menschen helfen. Die Ursache für ein solches Phänomen ist die synchronistische Überschwemmung, für die der verhexte Mann vermutlich selbst die Voraussetzungen schafft. Man kann im positiven Sinne und im negativen Sinne synchronistisch überschwemmt werden. Es gibt die »Glückshäute«, ein Märchenmotiv, das sich in der Wirklichkeit bei denjenigen findet, die von sich selbst sagen: Ich habe immer Glück, ich bin ein Glückspilz! Wenn ich in die Stadt fahre, kriege ich einen Parkplatz. Wenn ich zu spät zum Zug komme, dann hat der gerade auch noch Verspätung. Dieser positiven synchronistischen Überschwemmung liegt derselbe Mechanismus zugrunde wie der negativen synchronistischen Überschwemmung: In beiden Fällen geht es darum, dass sich Zufälle selbst organisieren können. Das hat zunächst nichts mit der Wertigkeit der Zufälle zu tun, also damit, ob etwas Gutes oder Schlechtes geschieht. Es hat mit der Bedeutung zu tun. Bedeutsame Ereignisse können im Leben eines Menschen »clustern«, sie können gehäuft vorkommen. Das klingt zunächst seltsam. Normalerweise erwarten wir, dass Ereignisse in der Welt gleichmäßig verteilt auftreten. Aber ist es wirklich so?

Nehmen wir an, wir sind mit dem Auto auf einer Landstraße unterwegs. Es scheint wie ein Gesetz zu sein: Immer wenn es auf der Straße eine Überholmöglichkeit gibt, fährt bestimmt ein Lkw so weit vor uns, sodass wir noch keinen Überholvorgang starten können. Wenn es dagegen keine Überholmöglichkeit gibt, dann ist der Lkw immer direkt vor uns, beziehungsweise wenn der Lkw direkt vor uns ist, gibt es keine Überholmöglichkeit. Es kommt uns so vor, als wären die Lkw immer dort, wo man sie gerade nicht überholen kann.

So ähnlich wie mit dem Lkw ist es mit den bedeutungsvollen Vorkommnissen. Paul Kammerer ging schon Anfang des vergangenen Jahrhunderts in seinem Buch *Das Gesetz der Serie*[41] der Frage nach, warum die Feuerwehr es so oft mit Serien von Bränden zu tun hat. Eine dahinterliegende Annahme ist, dass bedeutsame Ereignisse immer in Gruppen auftreten – es passiert lange nichts, dann passiert ganz viel. Lange Zeit bekommen wir keinen Anruf, dann versuchen plötzlich zwei Menschen gleichzeitig, uns zu erreichen – noch während wir telefonieren. Aber ist einem sogenannten Verfluchten mit dieser Erklärung geholfen?

Der Mann, der mir in dem Brief über seine Exfrau schreibt, kann sich – eventuell unter Anleitung – selbst helfen. Er muss versuchen, die Bedeutung, die mit den Ereignissen verbunden ist, zu verändern. Die moderne Psychotherapie nennt dieses Verfahren »Re-Framing«, ein Begriff, der vom englischen Wort *frame*, also »Rahmen«, kommt: Man muss den Dingen einen neuen Rahmen geben, man muss sie neu bewerten, so wie wir es bei der Bildergalerie gemacht haben. Vereinfacht ausgedrückt geht es darum, die verschiedenen Assoziationen, die ein Erlebnis auslösen kann, auseinanderzuhalten. Der Mann bringt das zertrümmerte Bein und die Aggressivität des Sohnes in Zusammenhang mit dem möglichen Fluch seiner Exfrau. Er muss vermutlich lernen, diese Missgeschicke und Probleme wieder anders zu interpretieren. Das ist nicht ganz einfach und erfordert unter Umständen die Hilfe einer Psychotherapie.

Übrigens kann man tatsächlich erklären, warum ein Lkw oft dann vor uns auftaucht, wenn wir ihn nicht überholen können. Wenn man eine Aufenthaltsstatistik eines Lkw auf der Straße erstellt, wird man feststellen, dass ein Laster auf unübersichtlichen oder steilen oder gefährlichen Strecken immer länger unterwegs ist als ein Auto: Er ist weniger beweglich und muss langsamer fahren. Auf breiten Überholstrecken kann auch er schneller fahren und hält sich somit dort viel kürzer auf.

Wenn es um Statistiken geht, verlässt uns unsere Intuition regelmäßig. Das Beispiel mit dem Lkw zeigt, dass schon einfache Erklärungen unser Gespür für Wahrscheinlichkeiten außer Kraft setzen.

Eine Frage an Sie, lieber Leser:

Nehmen wir an, ich stelle Ihnen die Aufgabe, mittels der Zahlen 1, 2, 3, 4, 5 und 6 eine Reihe mit 100 Ziffern zu notieren. Meine Bitte wäre, dass Sie versuchen, die Zahlen so zufällig zu notieren, wie sie entstünden, wenn man hundertmal hintereinander einen Würfel werfen würde.

Was glauben Sie: Könnten Sie aus dem Kopf eine zufällige Zahlenreihe erzeugen, wie sie zum Beispiel beim Werfen eines Würfels zustande kommt?

Ich sage Ihnen gleich: Sie können es nicht. Psychologen haben dieses Experiment schon mehrmals durchgeführt. Vermeintlich zufällige Zahlenreihen, die von Menschen notiert werden, weisen fast immer Regelmäßigkeiten auf, wie man sie beim Werfen eines Würfels nicht erleben würde. Eine der häufigsten Regelmäßigkeiten bei einem solchen Versuch ist die Tatsache, dass die Versuchspersonen eine Zahl nur selten zweimal, dreimal oder, noch seltener, viermal hintereinander aufschreiben. Intuitiv glauben wir, es komme in einem normalen Zufallsmuster nicht zu solchen Mehrfachnennungen.

Am Ende notiere ich noch »Würfelbeispiel« auf dem Blatt Papier und glaube, dass ich dem verhexten Mann ganz gut helfen kann, seine Situation zu verstehen.

Echte Verhexung oder das »Verhexungssyndrom«, wie wir es nennen, ist eigentlich nicht so »schlimm« wie Verfluchung, kommt aber viel häufiger vor. Bei Verfluchung kann man an dem Fluch meist nichts mehr ändern – oft lastet er ja über Generationen, wohingegen das Verhexungssyndrom aus scheinbar »harmlosen« Situationen entstehen kann.

Das Phänomen des Verhexungssyndroms wurde erstmals von den Psychiatern Risso und Böker 1964 beschrieben.[42] Dabei handelt es sich um einen Symptomkomplex, der oft nach Kontakt mit einem Geistheiler oder einem Magier auftreten kann. Der Beginn der Störung lässt sich meist auf die Auseinandersetzung mit einer entsprechenden Person zurückführen oder steht zumindest in Zusammenhang mit intensiven, von Hoffnung und Abhängigkeit geprägten Beziehungen. Im klassischen Beispiel sucht ein Patient, der von einem chronischen Leiden geplagt wird und den die Schulmedizin längst aufgegeben hat, einen Geistheiler auf, in der Hoffnung, doch noch Linderung zu erfahren. Nach wenigen »Behandlungen« gehen die Beschwerden zurück, der Patient spürt die Wirkung der Anwendung durch den »Therapeuten« und empfindet dies als angenehm. Nachdem die Behandlung abgeschlossen (und bezahlt) ist, spürt der Patient jedoch, dass der Heiler noch »an ihm dran« ist. Er fühlt sich von dem Heiler verhext oder verfolgt; eigene Empfindungen und Beschwerden werden auf dessen Wirken zurückgeführt. Dabei können verschiedenste Symptome auftreten. Besonders häufig sind Gefühle der Fremdeinwirkung und Fremdbeeinflussung, Abziehen von Energie, Stimmenhören, sexuelle Belästigung, Schlafstörungen und Konzentrationsschwierigkeiten, Schmerzen in verschiedenen Organen, die auch als »Messerstiche« oder »Elektroschocks« bezeichnet werden, verminderte Leistungsfähigkeit; ferner können auch Hämatome und Sehstörungen auftreten. Das Spektrum der Symptome umfasst also alle Sinnesbereiche; zudem können Betroffene unter (zum Teil sehr ausgeprägten) Verfolgungsgefühlen leiden.

»Verhexung« wird von Betroffenen in erster Linie als die Anwendung paranormaler Fähigkeiten angesehen, da sie dieses Phänomen eben in seinen Auswirkungen erleben. Sie haben reale Empfindungen und bilden sich diese nicht ein. Leider stoßen sie dabei oft auf Ablehnung, da Außenstehende »Verhexungsvorstellungen« eher als Wahnvorstellungen oder zumindest als paranoide Störungen betrachten und die Betroffenen nicht recht ernst nehmen. Menschen, die unter dem Verhexungssyndrom leiden, haben also genau genommen zwei Probleme: zum einen ihre Empfindungen und Beschwerden, zum anderen Ausgrenzung, Ablehnung und Unverständnis in ihrem sozialen Umfeld.

Das Phänomen der Verhexung wird nicht als Wahnsystem betrachtet; diesem Phänomen liegen im Wesentlichen zwei unterschiedliche psychologische Prozesse zugrunde.

Der erste bezieht sich auf »spontane außersinnliche Wahrnehmung«. Diese kann auftreten, wenn sich die beiden interagierenden Personen nett finden, sich sympathisch sind. Durch diese Sympathie kann es zu übereinstimmenden Gedanken kommen (die beiden sind »auf einer Wellenlänge«). Der Fehler liegt darin, dass der Heiler diese spontan auftretenden Ereignisse auf sein eigenes Können zurückführt – er tut so, als wüsste er, was der andere denkt.

Der zweite Prozess liegt in der Verselbstständigung des ersten. Es entsteht eine Art Abziehbild, eine »psychische Kopie« des Heilers, man spricht auch vom »psychischen Parasiten«. Dieser präsentiert sich dem Betroffenen, fordert seine Aufmerksamkeit und raubt diesem die Energie. Das ist im Prinzip vergleichbar mit dem Zustand des Verliebtseins: Man legt Wunschvorstellungen in die geliebte Person. Bei der Verhexung kann die betroffene Person das mentale Bild vom Heiler und diesen selbst nicht mehr auseinanderhalten. Zu Anfang tritt dieser »psychische Parasit« mit positiven Eigenschaften auf, was dazu führt, dass Betroffene nicht direkt »reagieren«. Im weiteren Verlauf kehrt sich dieser Prozess dann allerdings um, und es erscheinen extrem negative Charakterzüge. Der Betroffene hat den Eindruck, ständig in telepathischem Kontakt mit dem Heiler zu stehen. Es folgen in der Regel starke psychosomatische Beschwerden.

Man kann diese Problematik mit einem Lehrer vergleichen, der mit seiner Klasse nicht zurechtkommt. Die Schüler tanzen ihm sprichwörtlich auf der Nase herum, er kann sich nicht durchsetzen. Im Prinzip hat er ein Autoritätsproblem. Wenn er sich nicht anders zu helfen weiß, kann er in einer unruhigen Stunde den Rektor holen und hat damit wahrscheinlich kurze Zeit Ruhe. Doch wenn der Rektor samt seiner Autorität wieder weg ist, fängt der Zirkus von vorne an, oft noch schlimmer als zuvor. Ähnlich ergeht es Menschen, die unter einem Verhexungssyndrom leiden und daraufhin einen Magier aufsuchen, der mit Hilfe von Gegenmagie die Beschwerden »wegzaubern« soll. Dieser kann jedoch nicht viel helfen, da damit das eigentliche Problem nicht gelöst ist, nämlich dass der Betroffene seine Autorität abgegeben hat und vom psychischen »Parasiten« gequält wird. Viele laufen dann von Magier zu Magier, dann zur Polizei und landen nicht selten in der Psychiatrie, wo man ihnen auch nicht helfen kann.

Wenn es nicht gelingt, diesen »Teufelskreis« therapeutisch zu durchbrechen, erfolgt eine scheinbare Rückkehr zur »Normalität«. Alle Versuche, die Situation durch Polizeieinsatz, Gespräche, psychologische Intervention oder medikamentöse Behandlung zu verbessern, sind zwar gescheitert, aber die Fronten stehen für die Betroffenen nun fest; es gibt eine klare, eindeutige Zuordnung von Täter und Opfer, die allerdings unterschiedlich ausfällt, je nach Beschreibungsebene: Für die »Verhexten« ist die »Hexe« oder der »Magier« der Täter, sie selbst sind das Opfer. Die Symptome der Verhexung sind mehr oder weniger ständig zu spüren. Die Betroffenen ziehen sich aus dem sozialen Leben zurück oder bleiben in psychiatrischem Gewahrsam. Für die Umgebung ist der »Verhexte« psychisch krank und muss daher weitgehend aus der Gesellschaft ausgeschlossen werden.

Wie gesagt: Ziel ist die Rückkehr zur »Normalität«. Sie kann in der bewussten Leugnung, dem Vergessen oder Verdrängen der Ausnahmesituation »Verhexung«, aber auch in der Erschaffung einer subkulturellen »Antiwelt« bestehen, und das kann man an den Angeboten des Okkult- und Esoterikmarktes leicht ablesen, wo Verhexung zum Alltag gehört, ohne dass adäquate Mittel zur Verfügung stünden, den Betroffenen wirklich zu helfen. Diese haben von den Angeboten meist nichts, bestenfalls eine »moralische« Unterstützung. Aber in den meisten Fällen kommen sie nur vom »Regen in die Traufe«.

15. Kapitel:

Unheimliche Häuser

Es ist später Nachmittag in der Hildastraße. Meine Mitarbeiterin Frau Wald kommt herein und verabschiedet sich.

»Sie haben kaum etwas gegessen heute«, sagt sie besorgt.

Ich setze meine Lesebrille ab und streiche mir etwas müde mit den Händen durch das Gesicht und über den Bart.

»Ich war gespannt darauf, was mich hier erwartet«, entgegne ich. »Zu neugierig vielleicht.« Dann blicke ich auf. »Einen schönen Abend, bis morgen!«

»Ebenfalls«, antwortet sie. »Machen Sie nicht mehr so lang.«

Frau Wald weiß, dass ich oft bis Mitternacht hier sitze und lese, Briefe beantworte oder Berichte schreibe. Als sie die Tür geschlossen hat, schweift mein Blick über die Regalwand mit den vielen Fällen aus mehr als zwanzig Jahren hier in der Beratungsstelle.

»Alles verschränkt«, murmele ich leise vor mich hin und muss lächeln. Die Verschränkung, so schwer es auch ist, sie zu verstehen, ist immer wieder das entscheidende Element, das den Fällen, denen ich begegne, zugrunde liegt. Im nächsten Brief auf meinem Tisch, in dem alle Wörter klein geschrieben sind, ist es wieder so:

> ich schreibe ihnen auf anraten meiner mutter aus aktuellem anlass heraus. meine mutter und mein stiefvater haben vor einigen monaten ein pachthaus ersteigert, in dem sich ein kleines hotel, ein tanzsaal, ein restaurant und eine kneipe befinden. seit anfang november ist es eröffnet, seitdem wohne ich selbst in dem haus und arbeite auch dort. letzten sonntag hatte ich ein seltsames

erlebnis. ich hoffe, dass sie mir weiterhelfen oder mir einen rat geben können, da es sehr beängstigend war:

es war bereits feierabend, kurz vor null uhr. ich saß noch allein in der kneipe, um eine letzte zigarette zu rauchen, als ich plötzlich ein seltsames gefühl bekam. es fühlte sich an, als würde sich von hinter der theke etwas sehr bedrohliches, schwarzes ausbreiten. ich hatte ein sehr beklemmendes gefühl, zitterte am ganzen leib, hatte furchtbare angst, und mir war eiskalt. ich hatte auch das gefühl, ich könnte einfach nicht aufstehen.

einige minuten später kamen unser neuer koch und seine freundin nach unten und setzten sich zu mir. ich wollte mir nichts anmerken lassen, und wir fingen an, uns ganz normal zu unterhalten. nach etwa fünf minuten meinte die freundin, ob sie mich etwas fragen könne, ohne dass ich sie für verrückt hielte. und auch sie sagte, dass sie ein ganz seltsames gefühl habe, so als würde etwas sehr wütendes sie von hinter der theke anstarren. auch ihr war eiskalt, und sie fühlte sich so, als könne sie nicht aufstehen.

das gefühl wurde bei uns beiden mal stärker, mal schwächer; gegen 03.45 uhr wurde es ein letztes mal so heftig wie zu anfang und löste sich dann schließlich auf.

ich möchte noch erwähnen, dass in diesem haus bisher nichts glücklich geendet hat: das ehepaar, dem das haus vor uns gehörte, ließ sich scheiden und machte dann zu. die beiden davor wurden so krank, dass sie schließen mussten. und so geht es rückblickend immer weiter. keiner der vorbesitzer hatte den laden länger als ein bis zwei jahre. das war das erste mal, dass ich so ein furchtbar beängstigendes erlebnis in diesem haus hatte. seitdem traue ich mich nicht mehr hinter die theke beziehungsweise in den keller (die treppe nach unten ist gleich hinter der theke), wenn nicht heller tag ist – was als bedienung recht schwierig ist, wie sie sich vorstellen können. ich hoffe, sie können mir helfen – und dass dieses »wütende« irgendwie aus dem haus zu schaffen ist.

Wann immer Menschen ein neues Gebäude betreten oder mieten, steht die Wahrnehmung unter Stress. Der Mensch muss sich an die Umgebung gewöhnen. Seine Wahrnehmung ist besonders geschärft, weil er sich in den neuen Räumen erst zurechtfinden muss. Die Sinne arbeiten auf Hochtouren, weil sie sich an die neue Umgebung gewöhnen müssen. Und manchmal entsteht dabei das Gefühl, dass etwas nicht ganz stimmt. Der Sinn, der dieses Gefühl auslöst, ist nicht festzumachen. Das kann zu außergewöhnlichen Wahrnehmungen führen. Manchmal sogar dazu, dass man Tote wahrnimmt.

In einem Fall, der dem beschriebenen ähnelt, hat ein Paar ein Landhaus mit Swimmingpool gekauft. Die Frau war sehr sensibel, oder, wie manche es nennen, medial veranlagt. Sie hatte schon häufiger paranormale Erlebnisse gehabt und deshalb eigens den Verkäufer des Landhauses gefragt, wo der Vorbesitzer gestorben sei. (Es war, das wusste sie, überhaupt nur wegen dieses Todes frei geworden.) Er sei friedlich im Krankenhaus gestorben, bekam sie zur Antwort. Daraufhin zogen die Frau und ihr Mann ein. Doch einmal im neuen Haus, spürte die Frau etwas. Sie fühlte sich beobachtet und hatte das Gefühl, sie sei nicht allein. Es traten kleinere Spukfälle auf: Das Licht schaltete sich ein und aus, die Alarmanlage wurde ausgelöst. Der Spuk gipfelte darin, dass sie eines Tages ins Wohnzimmer ging und angeblich von der Decke, an einem Strick, einen Mann baumeln sah. Sie konnte ihn genau beschreiben: grüne Lodenjacke, Cordhose, Stiefel. Ihre Beschreibung war präzise. Schließlich stellte sich heraus: Der Vorbesitzer war keineswegs friedlich im Krankenhaus verstorben. Er hatte sich im Haus erhängt.

Man kann sich vorstellen, dass das Ehepaar wieder ausziehen wollte. Es gab eine gerichtliche Auseinandersetzung, zu der ich als Gutachter herangezogen wurde. Das passiert immer wieder, weil Spukfälle häufig wegen Schadensersatzforderungen vor Gericht kommen. In meinem Gutachten schrieb ich aber nicht, dass es spukte. Mit einer solchen Aussage wäre dem Ehepaar nicht geholfen gewesen. Ich legte in dem Gutachten dar, dass es in allen Kulturen üblich ist, Orte, an denen sich jemand umgebracht hat, zu meiden. In manchen Kulturen werden Häuser, in denen ein Mensch Selbstmord begangen hat, sogar abgebrannt. Niemand will dort noch wohnen. Das ist eine anthropologische Konstante, weil man in der vorindustriellen Kultur davon ausging, dass die Geister derjenigen, die sich selbst getötet hatten, keine Ruhe fänden und den Leuten das Leben schwer machten. Man muss das nicht wörtlich nehmen, aber man kann sagen, dass solche Tabuverletzungen – sich an einem Ort aufzuhalten, an dem sich jemand umgebracht hat – nun ja: schwierig sind. Ich schlug vor, das Verschweigen des Selbstmords als einen schweren Hinderungsgrund für die Wirksamkeit des Vertrages anzuerkennen. Das Gericht ist meiner Argumentation gefolgt.

Aber dennoch: Wie konnte es sein, dass die Frau den Suizid gespürt hatte?

In unserer Psyche sind bereits bestimmte grundlegende Vorstellungen verankert, zum Beispiel über Suizid. Sobald wir dem Phänomen Suizid begegnen, scheinen Carl Gustav Jungs Archetypen auf. Sehr sensible Menschen nehmen in einer solchen Umgebung *etwas* wahr. Man muss nicht unbedingt davon ausgehen, dass es die Geister der Verstorbenen sind. Aber es gibt ein Bauchgefühl, das vielleicht zwischen allen Sinnen entsteht – ein Gefühl, mit dem man, im übertragenen Sinne, zwischen den Zeilen lesen kann. Es kann sich immer mehr verstärken. Es ist wie ein Verdacht, der sich erhärtet. Es steigert sich, bis sich aufklärt, was Sache ist. Die Frau in dem Landhaus mit dem Toten im Wohnzimmer hatte eine Begabung, ungewöhnliche Stimmungen wahrzunehmen. Allein die Tatsache, dass sie Angst hatte, kann man als besondere Feinfühligkeit oder auch als Hellsichtigkeit bezeichnen. Das ist nach meiner Erfahrung eine natürliche Begabung, so wie manche Menschen musikalisch sind.

Feinfühlige Menschen haben eine gute Intuition – sie nehmen Verschränkungen wahr. Man kann es vielleicht vergleichen mit dem Moment, wenn wir ein schönes Bild betrachten. Wir sagen: Wow, das ist besonders gut gelungen! Wenn wir ein Bild als Ganzes als schön bezeichnen, dann schildern wir den Gesamteindruck. Wir gehen nicht in eine Bildergalerie und sagen: Wie ist genau der Pinselstrich? Welche Farben wurden da verwendet? Wir nehmen das Bild als etwas Ganzes und seine Stimmung wahr.

Es gibt Menschen, sogenannte Hellseher, die angeblich auf Kommando solche Bilder sehen können, wie es der Frau im Landhaus erschienen ist. Ich erinnere mich an Pascal Voggenhuber, einen jungen Schweizer, mit dem ich in einer Fernsehsendung bei Johannes B. Kerner diskutiert habe. Er empfing jedes Jahr mehrere Hundert Menschen zu Sitzungen. In einem Einspielfilm sah man, wie er einer Mutter, die ihren Sohn verloren hatte, sagte, er habe Kontakt zu ihm. Die Mutter saß ihm tränenüberströmt gegenüber, als Voggenhuber ihr erzählte, dass der junge Mann ihr einen Gruß bestelle. Es war eine eindrucksvolle Szene. Aber was steckte dahinter? Natürlich war der junge Mann ein guter Beobachter und ein guter intuitiver Psychologe. Aber ich hätte der Mutter exakt das Gleiche sagen können, ohne überhaupt mit dem Jenseits in Kontakt treten zu müssen. Man konnte der Frau am Gesicht ablesen, weshalb sie bei Voggenhuber war. Jedes Zeichen aus dem »Jenseits«, jede Form von Kontakt mit ihrem Sohn, der Selbstmord begangen hatte, war hilfreich für sie.

Nun kann ich auch nicht beweisen, dass es kein Jenseits gibt, von dem aus Menschen zu uns sprechen. Umgekehrt können die selbst ernannten Dolmetscher aus dem Jenseits auch nicht glaubhaft nachweisen, dass es ein solches Totenreich gibt.

16. KAPITEL:

Spuk – Ein Rätsel der Menschheit

Es ist Abend geworden in der Hildastraße. Die Büroräume sind still, plötzlich nehme ich jedes kleine Knacken wahr. Ich mache mir Notizen, ausgehend von dem Landhaus-Fall, und beschließe, den Mann, der mir aus dem neu erworbenen Haus geschrieben hat, in den nächsten Tagen zu kontaktieren. Nach seiner Beschreibung bin ich mir nicht ganz sicher, ob der Fall wirklich mit dem im Landhaus vergleichbar ist oder ob es sich um eine Form von Spuk handelt.

Und damit bin ich schließlich beim letzten Stapel dieses Tages. Ich bin beim Spuk.

Sehr geehrter Herr Dr. v. Lucadou,

ich nehme Bezug auf meinen Besuch bei Ihnen und übergebe Ihnen hier meinen Bericht über meine unerklärlichen Erlebnisse. Meine Hausärztin, der ich das Geschehene mitteilte, meint, dass ich in ständiger psychotherapeutischer Behandlung sein müsste. Vielleicht können Sie mir hier auch helfen und mir einen geeigneten Arzt in meiner Nähe mitteilen.
Bericht über unerklärliche und unheimliche Dinge:

Am 25. 2. saßen wir vor dem Fernseher, da schaltete sich der Fernseher von selbst aus und nach einiger Zeit wieder an. Auch ein kräftiger Schlag ist seitdem immer wieder aus dem Gerät zu hören.

Am 18. 3. wollte ich eine Schürze anziehen, da war die Tasche mit einigen Stichen zugenäht. Am nächsten Tag stellten wir fest, dass beide Wecker stehen geblieben waren.

Bald fand ich in einer Schmuckkassette den Ring, den mir

mein im Krieg gefallener Bräutigam geschenkt hatte. Er war ganz verbogen. Als ich eine Halskette suchte, fand ich sie nach Tagen im Dachzimmer. Eines Tages lagen die Girlanden von unserer goldenen Hochzeit auf dem Boden, die vorher fest an der Wand hingen.

Am 7. 10. spielte unser kleiner Enkel mit der Fernbedienung des Fernsehers und die Taste Nummer »2« ging verloren. Am 10. 10. lag sie auf meinem Essteller, nachdem ich mich kurz vom Tisch entfernt hatte.

Laufend, das heißt täglich, kracht es irgendwo, immer in dem Raum, in dem ich mich gerade aufhalte. Oft finde ich Wasserpfützen auf dem Boden. Ich erinnere mich, dass wir nach dem Einzug in unser neues Haus stinkendes Warmwasser hatten, und keine Laboruntersuchung brachte ein Ergebnis.

Als ich am 2. 9. meinen Sohn mit Familie verabschiedete, die zu Besuch da gewesen waren, wurde es mir ganz unheimlich, als ich wieder ins Haus kam. In der Nacht schaltete sich mein Radiowecker von selber an und wieder aus.

In der folgenden Zeit wurde ich, bis heute, täglich damit belästigt, dass sich alle Geräte, ob Radio, Fernseher, Licht usw., selbständig ein- und wieder ausschalteten. Das hat mich schon an den Rand der Verzweiflung gebracht, zumal ich seit dem Tod meines Mannes im März vergangenen Jahres ganz allein im Haus wohne und ich mit niemandem darüber sprechen kann.

Eines Tages saß ich im Sessel meines Mannes und erschrak, denn aus meinem Bauch klangen plötzlich die gleichen Geräusche wie aus dem Bauch meines Mannes während seiner Krankheit. Seit dieser Zeit ist immer ein anderes Organ in meinem Körper krank, sodass ich mich schon bei sämtlichen Spezialärzten untersuchen ließ. Immer mit der Diagnose »alles in Ordnung«. Es ist immer diese Macht oder dieser Geist, der mich quält.

Als ich nach Hause kam, sagte mir meine Nachbarin, die die Blumen goss, dass es im Haus sehr polterte, sodass sie Angst bekam und ihren Mann zu Hilfe holte. Also ist der Geist bei mir und auch in der leeren Wohnung.

Seit diesen Erlebnissen zittere ich am ganzen Leib und bin nicht mehr in der Lage, unter Menschen zu gehen.

Am 18. 3. arbeitete ich im Garten, als mir der Hausschlüssel aus der Tasche fiel. Ich ließ ihn liegen, um ihn später aufzuheben. Er war nicht mehr da. Am nächsten Morgen fand ich ihn an einer ganz anderen Stelle.

Am 27. 3. erschrak ich, als ich die Kellertreppe hinunterging, so sehr stank es nach irgendeiner Chemikalie. Nach kurzer Zeit war es vorbei.

Als ich die Uhren auf Sommerzeit einstellen wollte, war die Uhr im Treppenhaus schon vorgestellt.

Am Ostersonntagabend war ich mit der Familie meines ältesten Sohnes auf der Heimfahrt von meinem anderen Sohn. Im Kofferraum waren Kisten mit Wein. Plötzlich hörte ich ein Rauschen wie von einem Wasserfall, und schon klirrte es unheimlich. Die Kästen standen, aber einige Flaschen »hüpften« heraus und zerbrachen.

Als ich von Finnland zurückkam, hatte ich im Hobbyraum an zwei Wänden Wasser und musste die Tapeten abziehen. Mein Sohn wollte tapezieren, aber die Tapeten fielen immer wieder herunter, was ich noch nie erlebt hatte. Als wir auf der Terrasse Kaffee trinken wollten, machte es einen sehr lauten Knall, und die Thermoskanne war geplatzt. Ich bin mal wieder total verzweifelt.

Am 30. 6. legte ich Rosen auf das Grab der Eltern meines gefallenen Bräutigams zu seinem 80. Geburtstag. Als ich wieder zurückging, wurde ich, wie von einer großen Macht gestoßen, nach hinten geworfen und fiel hin. Ich habe mich leicht an der rechten Hand verletzt.

Heute ist Samstag, der 14. 9., und es geht mir körperlich und psychisch sehr schlecht. Ich bin nicht in der Lage, aus dem Haus zu gehen, und schreibe deshalb diesen Bericht. Bei einer Krankheit kann ich vom Arzt und von Medikamenten Hilfe bekommen, aber in meinem Falle bin ich dieser bösen Macht rettungslos ausgeliefert, und das bringt mich zur Verzweiflung.

Es gibt Menschen, denen andauernd Dinge passieren, die sie selbst mit den Worten abtun wollen: »Das kann ja eigentlich nicht sein.« Alltägliche Gegenstände verschwinden und tauchen plötzlich wieder auf. Es gibt Bewegungen und Geräusche im Haus, die, so der Glaube, nur von Menschen stammen können. Für die Betroffenen ist das dennoch irritierend. Manche gehen zur Polizei, müssen aber unverrichteter Dinge wieder gehen. Polizisten raten im Allgemeinen nur, ein neues Schloss in die Tür einbauen zu lassen.

Die Phänomene, die jene Frau beschreibt, sind im Grunde unbefriedigend – anders als bei einem klassischen Spukfall passiert nichts Dramatisches, das man interpretieren könnte. Die seltsamen Phänomene werden zur Begleiterscheinung des Alltags. Psychologen neigen zu der Diagnose, die Menschen, denen so etwas passiert, erlebten ein Herunterschalten des Bewusstseinsniveaus im Wachzustand. Das führe dazu, dass die Betroffenen auch tagsüber Dinge tun, an die sie sich, ähnlich wie beim Schlafwandeln, kurze Zeit später nicht mehr erinnern. Entsprechend überrascht sind sie, wenn sich Gegenstände plötzlich an einem anderen Ort wiederfinden oder ganz verschwinden. Aber das ist nur eine Hypothese, mit der sich Psychologen gern zufriedengeben.

In diesem und anderen Fällen, in denen nicht wirklich ein Spuk der Auslöser der Probleme ist, gilt doch eine wichtige Frage aus der Spukforschung: Hat das, was da geschieht, eine Bedeutung für den Betroffenen? Das versuche ich immer wieder zu hinterfragen. Der verbogene Ring des gefallenen Verlobten könnte darauf hinweisen, dass die Frau noch immer unter dem Verlust leidet. Vielleicht fühlt sie sich einsam und sie bedauert, dass sie keinen Partner hat. Solche

Situationen deuten symbolisch auf vorhandene Lebensprobleme hin – Spuk kann ein Hinweis auf Probleme sein, die der Person selbst nicht wirklich bewusst sind. Wie anhand eines anderen Falls bereits erwähnt, deuten paranormale Phänomene häufig auf die Einsamkeit eines Menschen hin. Ich habe Menschen erlebt, die noch nach Jahren in tiefer Trauer über den Tod des Ehepartners leben. Manche ziehen sich in eine selbst gewählte Isolation zurück, und es gibt hier nur einen Weg: nach draußen. Zu den Menschen. Und wahrscheinlich ist das der Rat, den ich auch der Frau geben werde, die von dem zerstörerischen Geist schreibt.

Das nächste Anschreiben auf dem Stapel ist eine Mail, die mir meine Mitarbeiterin ausgedruckt hat.

> (...) Vor meinen Augen spielte sich Folgendes ab: Wir saßen im Wohnzimmer, gemeinsam mit unserer guten Freundin Klara, die bei uns zu Besuch war und die sich nach dem Essen auf die Couch gelegt hatte und tief eingeschlafen war. Unser Hund lag am Fußende der Couch, auf der Klara lag, und schlief. Mein Mann und ich schauten Fernsehen, und es war sonst ganz ruhig. Plötzlich fuhr der Hund in die Höhe und verkrampfte sich unnatürlich, flog durch das Wohnzimmer, glitt an der Schrankwand ab, versuchte auf die Beine zu kommen, was ihm erst nicht gelang. Er zitterte am ganzen Leib, aber dann war plötzlich alles vorbei, und er verhielt sich so, als ob nichts geschehen wäre. Während der ganzen Zeit machte ich eine Beobachtung auf dem Wohnzimmertisch. Klaras Brille lag auf der Fernsehzeitung, und ich traute meinen Augen nicht, als sich die Brille ganz langsam hob und genau so langsam wieder auf die Zeitung zurücksank. Klara fuhr kurz hoch, sah den Hund noch in seinen komischen Bewegungen, dann ging der Hund zu ihr hin und legte den Kopf in ihren Schoß.

Gleich beim zweiten Satz ist mir klar, wer Klara ist. Wir hatten einmal Mailkontakt, als sie um einige Informationen bat. Später telefonierten wir miteinander, und ich bat sie um Zeugenberichte, da sie von mehreren Vorkommnissen in Gegenwart ihrer Freunde berichtet hatte. Ich wähle ihre Nummer, und nach einem Freizeichen ist sie am Apparat. Sie scheint sich über meinen Anruf zu freuen.

»Sagen Sie«, frage ich, »wie geht es Ihnen im Moment mit den Ereignissen? Nehmen die Sie immer noch so mit?«

»Sie haben fast ganz aufgehört«, sagt sie und lacht leise. »Alles gut. Fast schon langweilig.«

»Ich habe gerade den Brief Ihrer Freunde in der Hand, in dem diese beschreiben, wie der Hund in die Luft …«

»… und dann angeblich an der Schrankwand herunterrutscht. Ich erinnere mich, das haben sie mir erzählt. Herrgott, waren die aufgeregt. Mir machen diese Phänomene keine Sorgen, ich kann damit umgehen. Nur hätte ich gern eine Erklärung, um meine Freunde zu beruhigen.« Klara ist angenehm forsch und auf gewisse Weise herzerfrischend.

»Wir verstehen den Spuk noch nicht gänzlich«, sage ich, »aber eine denkbare Erklärung ist, dass es sich dabei um eine Externalisierung von psychischen Problemen handelt.«

»Aber mir geht's doch gut. Und wie soll denn ein psychisches Problem den Schrank in meinem Schlafzimmer umwerfen, wie es neulich passiert ist?«, fragt Klara.

»Meiner Ansicht nach sind Sie eine Fokusperson. Ihre Anwesenheit löst etwas in Ihrer Umgebung aus. Mittlerweile wissen Parapsychologen, dass ein Mensch mit einer bestimmten Persönlichkeitsstruktur in der Lage ist, psychische Verarbeitungsprozesse in seiner Umgebung stattfinden zu lassen, statt dass sie sich nur im Kopf abspielen. Man muss eine solche Fähigkeit nicht therapieren. Spuk ist meiner Meinung nach ein Zeichen für Gesundheit, kein Zeichen von Krankheit. Das Gesunde ist, dass der Spuk Sie auf ein

Problem hinweist, dem Sie vielleicht zu wenig Aufmerksamkeit schenken.«

»Was für ein Problem meinen Sie?«

»Das frage ich Sie.«

Und dann reden wir eine halbe Stunde lang über Klaras schwere Trennung von ihrem Mann. Er hatte sie nach 27 Ehejahren betrogen. Sie war aber der festen Überzeugung, sie könne allein und mit gutem Mut über die Ereignisse hinwegkommen.

»Aber so leicht, wie ich manchmal denke, ist es nicht«, gesteht sie gegen Ende des Gespräches ein. Und wie ich es oft bei meinen Klienten tue, rate ich Klara, den Spuk zu dokumentieren, falls er wieder aufflammen sollte. Und ich gebe ihr den Hinweis, dass sie sich darüber hinaus der Trauer um die verlorene Beziehung widmen könnte, damit sie ausgeglichener wird. Sie verspricht es mir.

Als ich die beiden nächsten Kuverts öffne, sehe ich, dass es sich um relativ kurze Fälle handelt. Ich lege sie schnell zur Seite, mache mir in der Küche noch einmal einen Tee und esse einen Apfel. Erst da fällt mir wieder ein, dass ich den ganzen Tag kaum etwas gegessen habe. Vielleicht hält das gute Essen aus dem Urlaub noch vor. Zurück im Büro lese ich beide Fälle in einem Rutsch. Vielleicht muss ich mir dann nur *einen* Zettel mit Notizen machen.

> Es fing relativ harmlos an, indem die Stromsicherungen oft raussprangen. Drei verschiedene Elektriker konnten aber nichts finden. Dann begann es hauptsächlich im Wohn- und Schlafzimmer zu jeder Uhrzeit seltsam zu rauchen. Das wurde immer schlimmer, und es fielen dann auch Rußpartikel zu Boden.
> Es passierte immer, wenn niemand im jeweiligen Raum war. Auch dafür hatten die Elektriker keine Erklärung, da sie die Lampen mehrmals abnahmen, untersuchten und nichts fanden.

> Dann ließ das nach, und nun begannen die Möbel umzufallen: Schlafzimmerschränke, Wohnzimmerschrank, Schreibtisch, Schuhschränke, Bilder und Gegenstände, die irgendwo oben standen. Eines Tages kam das Telefon, das in der Garderobe stand, durch die Glastür des Wohnzimmers zu mir hereingeschleudert. Wie gesagt, es wird immer schlimmer; inzwischen fliegen Gegenstände wie Taschenlampe, Briefbeschwerer, Schnitzereien usw. durch die Luft oder in die Fensterscheiben. Bei mir sind viele Glasscheiben kaputtgegangen, die Bettgestelle sind restlos kaputt, Wohnzimmerschrank, Schlafzimmerschrank, Schuhschränke sind schwer lädiert. Telefon, Taschenlampen und einige Schmuckstücke sowie der Wecker sind total kaputt. Wahrscheinlich hört das von allein auch nicht auf. Deshalb möchte ich Sie dringend bitten, sich baldmöglichst mit diesen Vorgängen hier bei mir zu befassen, denn es ist nervlich kaum noch auszuhalten; meine Frau ist schon schwer angegriffen.

Gerade als ich vom Telefon und von den Taschenlampen lese, läutet das Telefon in meinem Büro. Ich zucke zusammen, denn das Läuten durchbricht recht jäh die Stille im Haus, und draußen dämmert es. Ich knipse die Schreibtischlampe an. Jetzt will ich nicht ans Telefon. Ich ignoriere das Läuten und lese den zweiten der beiden kurzen Spukfälle:

> Ich weiß gar nicht, ob ich bei Ihnen richtig bin, aber vielleicht können Sie mir ja weiterhelfen. Wir haben hier vor circa drei Jahren ein Haus gekauft, das um 1800 gebaut und im Laufe der Jahre immer wieder renoviert wurde. Im ersten Jahr fiel uns nichts auf, aber nach geraumer Zeit passierten merkwürdige Dinge hier im Haus. Es fing damit an, dass ich dachte, meine Tochter, die direkt über mir wohnt, würde nachts öfter zur Toilette gehen. Nachdem ich sie darauf ansprach, sagte sie mir, dass sie nachts nie aufstehen muss, um aufs Klo zu gehen.

Da fiel mir auch auf, dass ich die Schritte immer nur zur Tür hin, aber nicht zurück gehört habe. Im Wohnzimmer nebenan, wo ich 14 Tage schlafen musste, war noch viel mehr los. Sehr viele Schritte und Bewegung. Mein Sohn, der früher oben geschlafen hat, schläft mittlerweile nur noch unten, nachdem ihm nachts sämtliche Glühbirnen durchgeknallt sind, als er das Licht anmachen wollte. Meine Mutter, die in dem Zimmer meines Sohnes übernachtete, wachte nachts auf, weil alle Lichter – Deckenbeleuchtung und Nachttischlampe – strahlend hell an waren.

Dann passierten Dinge, wie dass der Fernseher von allein an- oder ausging; dass CDs hinter dem Rücken meiner Tochter, als sie gerade dabei war, sich die Haare zu föhnen, entlangrollten oder ohne Grund aus der Hülle fielen. Meine andere Tochter sieht in ihrer Wohnung (die liegt über der Ferienwohnung) immer einen kleinen Jungen und im Bad einen älteren Mann.

Das mit dem Jungen bestätigen die Feriengäste, denn sie hören nachts leichte Schritte, wie von einem Kind. Die Wohnung wird aber nur am Wochenende benutzt. Je länger wir hier wohnen, um so dreister werden sie. Wir haben mal vorsichtig bei den Nachbarn angefragt, ob sie etwas wüssten, und sie sagten uns, es ist allgemein bekannt, dass es hier spukt.

Das Haus ist aber nicht »böse« und auch unsere »Untermieter«, die vor uns da waren, lösten keine Angst in uns aus.

Können Sie uns ein paar Worte dazu sagen oder uns weitere Adressen geben, wo man sich erkundigen kann, wie man damit umgeht oder wie man sie dazu bringt, damit aufzuhören?

Es läutet wieder, als ich den Kugelschreiber für die Notizen zur Hand nehme. Ich widerstehe dem Drang, den Hörer abzunehmen. Dann hört das Läuten auf. Ich lege den Kugelschreiber hin und hole mir die Notizen zu meinem Spukmodell, das ich nach der Analyse vieler Fälle entwickelt habe. Man kann den Spuk heute einigermaßen gut beschreiben. Er spielt sich normalerweise in vier Phasen ab – und genau diese vier Phasen erkläre ich den Menschen, die mir von einem Spuk schreiben. (Obwohl beim zweiten Fall, den ich während des vorigen Telefonklingelns gelesen habe, auch Erscheinungen mit in die Wahrnehmung hineinspielen.)

Zuerst kommt beim Spuk die »Überraschungsphase«. Diese Phase ist dadurch gekennzeichnet, dass etwas passiert, was man nicht versteht. Die Leute sind aufgeregt und denken: Was ist denn da los? Sie denken, es handle sich um eine technische Störung, der Nachbar spiele ihnen einen Streich oder es gebe Marder im Gebälk. Aber dann fangen sie an, das Ereignis näher zu untersuchen, und sie stellen fest, dass weder Marder noch Nachbar verantwortlich sein können. Irgendwann kommt die Polizei, und man stellt fest, dass man immer noch nicht weiterweiß. In dieser Phase weiß noch niemand, worum es genau geht. Die Überraschungsphase ist so etwas wie ein großer Theaterdonner. Es wird kräftig auf die Pauke gehauen, das Spiel beginnt, die Phänomene sind am ausgeprägtesten.

Dann folgt als zweite die »Verschiebungsphase«. Die Leute beginnen, einen neuen Blick auf ihre Umgebung zu werfen. Sie wollen genau hinschauen, wann und wie die außergewöhnlichen Erlebnisse passieren. Wenn eine Zeit lang die Türen von allein aufgegangen sind, versuchen sie natürlich, die Türen im Auge zu behalten. Wenn sie sich hinstellen und stur beobachten, passiert aber nichts. Der Spuk entzieht sich der Beobachtung. Dann geschieht etwas anderes: Ganz plötzlich und unerwartet springen die Fenster auf. Das, was man erwartet, geschieht meistens nicht. Zu allem Überfluss bekommt der Spuk noch schabernackartige Züge. Die Dynamik des Systems verändert sich. Die Leute geraten ins Grübeln, und sie denken: Hier stimmt etwas ganz und gar nicht. Sie denken an den Teufel oder an Dämonen, weil sie das Phänomen nicht einordnen können.

Hans Bender berichtete von einem Feuerwehrmann, der während eines Spukfalls die ganze Zeit in der Küche saß und eine Stelle am Boden beobachtete, weil sich dort immer wieder aus dem Nichts Wasserlachen bildeten. Er wollte endlich sehen, wie es dazu kommen konnte. Aber nichts geschah. Dann rief ihm ein Kollege aus dem Flur etwas zu. Er drehte den Kopf weg, und als er wieder hinsah – war da eine Wasserlache. Der Spuk verändert immer wieder seine Aussage, weil er vor allem eines will: Er will eine Botschaft von der Fokusperson übermitteln.

In der Verschiebungsphase ist der Spuk dramatisch und vielfältig. Man entdeckt immer neue Phänomene und ist verblüfft. Bilder fallen von der Wand, Möbel fallen um. Doch das alles geschieht nur, das stellt man dann fest, wenn die Fokusperson zugegen ist. Angelehnt an den berühmten Spukfall von Rosenheim, den Hans Bender untersuchte, nennen wir sie im Modell einfach Annemarie. Immer wenn Annemarie da ist, passieren die tollsten Sachen. Gleichzeitig ist sie die Einzige, die keine Angst hat. Sie scheint zu ahnen, was vor sich geht. Alle schauen ihr auf die Finger. Zum ersten Mal taucht der Verdacht auf, Annemarie könnte übernatürliche Fähigkeiten haben. Die Ersten bitten sie, den Spuk auf Kommando zu reproduzieren. Sie soll zeigen, wie der Teufel durch sie wirkt.

Nun ist die Botschaft des Spuks angekommen. Die Fokusperson ist identifiziert. Es geht um Annemarie. Sie scheint ein Problem zu haben, das sich nach außen hin zeigt. Vielleicht hat sie in der Schule Probleme und traut sich nicht, es jemandem zu sagen? Vielleicht wird sie gemobbt und es geht ihr schlecht? Sie ist verschüchtert. Sie erkennt wahrscheinlich gar nicht, wie sehr die Probleme ihr zusetzen. Sonst würde es ja gar nicht spuken. Der Spuk ist ihre psychosomatische Reaktion, die sich in ihrer Umgebung auswirkt. Das aber wissen die Leute natürlich nicht. Die denken, sie sei übersinnlich. Sie üben Druck auf sie aus und erwarten, dass sie das tut, was unmöglich ist: Sie soll den Spuk wiederholen. Auf Kommando.

In diesem Moment beginnt die »Absinkungsphase«. Der Spuk verschwindet nach und nach, weil er seine Schuldigkeit getan hat. Wenn der Spuk weitreichend war, sind nun vielleicht Journalisten vor Ort, die etwas sehen wollen. Besucher kommen und erwarten, fliegende Steine zu sehen. Doch es tut sich nichts mehr. Deswegen ist die Absinkungsphase den Betroffenen umso peinlicher. Sie können nichts vorweisen und werden umso mehr für verrückt gehalten.

In der vierten Phase rächt sich die Gesellschaft. Annemarie wird für verrückt erklärt. Sie habe sich wohl wichtig machen wollen, heißt es. Es wirkt so, als habe sie die Öffentlichkeit mit ihrem Spuk hinters Licht geführt. Deswegen nenne ich die vierte Phase die »Verdrängungsphase«. Es geht jetzt nicht mehr um den Spuk, es geht allein um Annemarie, die als Schwindlerin stigmatisiert werden soll. Diese Phase dient dazu, den Spuk wieder auszumerzen. Die Anomalie wird aussortiert. Idealerweise sprechen wir von der Beratungsstelle mit den Menschen, bevor der Spuk seine Funktion erfüllt hat – noch vor der dritten Phase, noch bevor die Betreffenden durch das Unverständnis der Gesellschaft stigmatisiert werden.

Was ich den Betroffenen meistens nicht erzähle, weil es zu kompliziert wäre, ist die Tatsache, dass es sich bei dem Spukmodell keineswegs nur um ein phänomenologisches Modell handelt, das den Spuk bloß beschreibt. Die Ergebnisse, die wir bei unseren Experimenten bekommen haben, machen deutlich, warum der Spuk so eigentümlich ausweichend ist und warum man eher frustriert als fasziniert ist, wenn man Spukfälle untersucht.

Weil Psychokinese keine Kraft ist und sie sich nicht von Zufallsereignissen unterscheiden lässt, finden wir auch beim

Spuk keine typische »Spur«, die uns zeigt, dass hier etwas »Besonderes« am Werk war. Es sind alltägliche Dinge, die passieren, die genauso gut durch Unachtsamkeit oder durch falsches Verhalten zustande gekommen sein könnten. Fokuspersonen werden von ihrer Umgebung oft gering geschätzt oder haben »zwei linke Hände«. In den Augen vieler Menschen liegt es nahe, ihnen die »Schuld« in die Schuhe zu schieben. Es gibt auch Psychologen und Psychiater, die annehmen, Fokuspersonen litten an einer »multiplen Persönlichkeitsstörung«: Dabei tun die Betroffenen Dinge, von denen sie später nichts mehr wissen.

Ich lasse Ärzte, wenn ich mit ihnen spreche, oft in diesem Glauben, denn es ist nicht einfach, sie vom Gegenteil zu überzeugen. Das Wichtigste ist, dass die Fokuspersonen nicht als wahnhaft (psychotisch) angesehen und dann mit den falschen Medikamenten behandelt werden. Denn das sind sie mit Sicherheit nicht, ganz im Gegenteil: Fokuspersonen zeichnen sich im Allgemeinen durch eine erstaunlich robuste Gesundheit aus. Sie reagieren auch nicht mit psychosomatischen Störungen. Klar, sie haben die Fähigkeit, ihre Probleme in der Umgebung auszudrücken. Die Psychologie spricht von »Externalisierung«. Natürlich wird den Fokuspersonen im Allgemeinen argwöhnisch auf die Finger geschaut. Aber einen sicheren Beweis, dass sie *nicht* die Hand im Spiel gehabt haben können, bekommt man meist nicht. Der Spuk entzieht sich also nicht nur, er ist auch nicht vollständig entscheidbar. Ich spreche von der »makroskopischen Unentscheidbarkeit«. In der Mikrophysik ist dieses Phänomen bereits bekannt und wird als »Heisenbergsche Unbestimmtheitsrelation« bezeichnet. Für den Spuk könnte man sie so formulieren: Je dramatischer die Spukphänomene (bei gleicher Verschränkung) sind, umso ungewisser ist ihre Ursache, umso schlechter sind sie dokumentiert. Das Umgekehrte gilt ebenso.

Nun ist die Frage: Warum sind die Effekte bei Psychokineseexperimenten mit Schmidtmaschinen prozentual so klein (wenn auch statistisch signifikant) und beim Spuk sind die Phänomene so massiv? Die Antwort ist ganz einfach: Die experimentellen Ergebnisse sind perfekt dokumentiert. Hinzu kommt: In Kapitel 8 haben wir festgehalten, dass innere Zusammenhänge von Zufallsereignissen den Psychokinese-Effekt begünstigen. Der Spuk ist in dieser Hinsicht ein Ausbund von innerem Zusammenhang – er ist ein organisatorisch geschlossenes System. Keine Schmidtmaschine mit Versuchsperson kann dabei mithalten.

Daraus ergibt sich auch, wie man den Spuk vertreiben kann. Auf keinen Fall sollte man versuchen, einen Exorzismus oder eine Geisteraustreibung durch einen selbst ernannten »Geisterjäger« oder irgendwelche »Wunderfrauen« oder »Wundermänner« durchführen zu lassen. Abgesehen davon, dass man sein Geld los ist, »kümmert« sich der Spuk im Allgemeinen überhaupt nicht um solches Brimborium. Manchmal wird er danach noch »schlimmer«, weil die Externalisierung der Probleme und die Verschränkung des Systems noch verstärkt werden.

Es gibt aber zwei Methoden, die sich bewährt haben. Ich möchte sie als »Aushungern« und als »Festbinden« bezeichnen. Das »Aushungern« besteht darin, dass man dem Spuk keinerlei »Aufmerksamkeit mehr schenkt«. Jeder Spuk nährt sich von der Beachtung, die man ihm schenkt. Das bedeutet nicht, dass man ihn verleugnen oder so tun sollte, als ob es ihn nicht gäbe. Man sollte auch nicht versuchen, ihn zu »bekämpfen«. Dem Spuk keine Aufmerksamkeit zu schenken heißt, dass man ihm keine Bedeutung beimessen, sich also nicht mehr davor fürchten oder sein eigenes Handeln von ihm bestimmen lassen soll. Man soll auch nicht vor ihm fliehen. Es kann durchaus sein, dass der Spuk am Anfang etwas

»wilder« wirkt, weil er die Aufmerksamkeit der Fokusperson auf sich ziehen will. Davon darf man sich nicht beeindrucken lassen. (Auch wenn das leichter gesagt ist als getan, ich weiß.)

Das »Festbinden« ist aufwendiger: Es erfordert eine möglichst perfekte Dokumentation aller Vorkommnisse. Also: Videokamera aufstellen. Im Prinzip müsste man in jedem Raum eine Videokamera installieren, die jedes Vorkommnis aufzeichnet.

Natürlich sind diese beiden Methoden nicht ganz unabhängig voneinander, weil sich durch eine Dokumentation ja die Bedeutung verschiebt, die der Spuk für einen hat. Statt sich davor zu fürchten, ist man nun interessiert, die Sache zu untersuchen.

Schließlich muss man noch berücksichtigen, dass der Spuk immer etwas mit einer Fokusperson zu tun hat. Den ortsgebundenen Spuk können immer nur bestimmte Menschen wahrnehmen. Wer einen Spuk im Haus hat, sollte in sich gehen: Trage ich unbewältigte Probleme mit mir herum? Will der Spuk mir etwas sagen? Welches Problem könnte er »widerspiegeln«? Wenn man ihn in dieser Weise versteht, hat man ihn gewissermaßen erlöst.

Es ist wichtig, dass man damit nicht zu lange wartet, sonst kann der Spuk einem nämlich »auf die Pelle« rücken. Das heißt, dass er sich schließlich doch zu einer echten psychosomatischen Erkrankung auswächst. Hier gibt es auch Übergänge zu einer Reihe von »Umwelterkrankungen«, wie »Elektro-Sensitivität«, »multiple Chemikalienunverträglichkeit« und das Verhexungssyndrom.[43]

Ein Beispiel für die erwähnte Erlösung vom Spuk ist die Frau, die mich seinerzeit aus dem Badischen anrief. Gemeinsam mit ihrem Mann hatte sie ein mittelalterliches Haus in einem kleinen Dorf gekauft, restauriert und dann als Wirtshaus eröffnet. Als sich die Frau bei mir meldete, waren die beiden Ende zwanzig und hatten ein gemeinsames Kind. Das Kind spürte den Spuk zuerst.

»Immer wenn ich sie im Arbeitszimmer zum Mittagsschlaf hinlegte, fing sie an zu schreien, dass man es nicht aushalten konnte«, erzählte mir die verzweifelte Mutter. »Sie gab keine Ruhe, bevor ich sie nicht woanders zum Schlafen hinlegte. Sogar unser Hund wollte nicht mehr in das Arbeitszimmer gehen. Eines Abends dann ging mein Mann an der Kellertür vorbei und blieb abrupt stehen. Ich sah ihn von der Küche aus und fragte: ›Was ist?‹

›Hörst du das auch?‹, fragte er. ›Die Bierfässer?‹

Ich ging zu ihm hin und hörte wirklich ein Geräusch, als würden Bierfässer gerollt.«

»Hatten Sie zu dem Zeitpunkt denn schon welche?«, fragte ich.

»Ja«, sagte die Frau. »Aber als wir runterkamen, waren alle an ihrem Platz. Haben Sie eine Idee, was wir dagegen unternehmen sollen?«

Es schien sich um Erscheinungen oder um einen leichten Spuk zu handeln, weshalb ich nicht sonderlich beunruhigt war. Ich bat die Frau, sie möge in der Nacht ein Tonband und, wenn vorhanden, eine Videokamera aufstellen. Tatsächlich hatten sie und ihre Familie daraufhin ruhige Nächte. Eines Morgens aber meldete sich die Frau wieder. Sie war außer sich und berichtete, dass in der Küche jemand ein Messer nach ihr geworfen habe.

»Es steckt noch in der Wand«, erzählte sie mit bebender Stimme.

In der Zwischenzeit hatte sich der Mann im Ort nach der Vergangenheit des Hauses erkundigt. Ihm wurde von einem geheimen Gang mit Skeletten erzählt. Es handele sich dabei um Opfer aus dem Dreißigjährigen Krieg, die man, so sagte ein Dorfbewohner, nur ordentlich bestatten müsse, dann gebe sich der Spuk von allein. Der junge Wirt schien die Geschichte geradezu in sich aufzusaugen. Er behauptete, einen Ritter in Rüstung in seinem Haus gesehen zu haben. Nur aus den Augenwinkeln. Beide berichteten von leuchtenden Bällen, die nachts durchs Haus schwebten.

Ich wurde neugierig und ließ mich schließlich dazu überreden, die beiden aufzusuchen.

Die Stimmung im Wirtshaus war seltsam aufgeheizt. Gäste erzählten von einem Tablett mit Gläsern, das auf dem Tresen gestanden habe und hochgehoben worden sei, um schließlich zu Boden zu fallen. Die Frau zeigte mir das Messer in der Küchenwand. Ich erklärte ihr Teile meines Spukmodells und die Annahme, dass es Fokuspersonen gebe, die Probleme in ihrer Umwelt verarbeiteten.

»Keine Chance. In unserer Familie ist alles in Ordnung«, sagte sie mir an einem Tisch in der Wirtschaft.

Mir fiel auf, dass vor allen Dingen sie von den Phänomenen berichtete. Der Mann schien ihre Wahrnehmung nicht zu teilen oder immer erst im Nachhinein zu bestätigen. Der Spuk, das wurde mir bewusst, war so etwas wie die Aufforderung an den Mann, doch bitte schnell nach Hause zu kommen. Er arbeitete im Nachbardorf in einer Firma. Er bekannte, dass er eigentlich mit seiner Frau im Wirtshaus arbeiten wolle, dass er aber ein schlechtes Gewissen hätte, wenn er den anderen Job kündigen würde.

»Das stimmt«, bestätigte die Frau, als ich sie auf die Probleme in der Lebenssituation und in ihrer Beziehung ansprach. »Er fehlt hier nicht nur wegen der Arbeit – er fehlt mir vor allem einfach«, sagte sie. »Ich bin vielleicht ein bisschen zu anhänglich.«

Ich nickte vorsichtig. Sie selbst hatte sich die Antwort gegeben, schien mir.

So kam es nach zwei Monaten zu einem Happy End. Die beiden kamen überein, dass es das Risiko wert wäre, den Job im Nachbarort zu kündigen und die gemeinsame Existenz vom Wirtshaus abhängig zu machen. Nach gut einem Jahr habe ich mich noch einmal bei der Frau gemeldet. Sie war guter Dinge. Man habe die zweite Gastwirtschaft eröffnet, sagte sie. Von Spuk keine Spur mehr.

»Aber immer wenn wir eine Entscheidung treffen, mit der wir selbst nicht ganz zufrieden sind, klopft es noch leicht an der Wand«, sagte mir die Frau. »Wir sagen uns dann: Das ist unser Hausgeist, der hilft uns.«

Als ich weiter durch den Stapel mit den E-Mail-Ausdrucken blättere, finde ich eine schöne Mail. Eine Frau bezieht sich auf ein Telefonat mit mir – und erzählt, wie sie selbst ihren Spukfall löste:

> Ich glaube, ich kann Ihnen eine erfreuliche Mitteilung machen: Unser Spuk, von dem ich Ihnen erzählt hatte, ist nun vorbei!
>
> Meine erste Vermutung nach unserem Telefonat war: Das Haus mag mich nicht, ich mag das Haus nicht. Da es aber trotzdem weiterspukte, dachte ich: Das kann nicht das Problem sein. Als ich mir dann meine Aufzeichnungen noch mal durchsah, fiel mir auf, dass beim Spuk immer Gegenstände kaputtgingen, die irgendeine Verbindung zu meiner Mutter hatten. Nur zur Erklärung: Meine Mom und ich haben wirklich eine sehr enge Bindung. Mit keinem anderen Menschen ist es mir je passiert, dass ich ihn anrufen wollte und die Leitung war besetzt, weil sie ebenfalls gerade versucht hat mich anzurufen.
>
> Der erste deutliche Spuk passierte in der Nacht nach Muttertag dieses Jahres. Ich bekam Tritte im Bett. In dem Moment dachte ich: Mom, hilf mir. In derselben Nacht zerbrach bei ihr eine Vase in vier Teile – in dieser Vase waren Blumen, die sie von mir bekommen hatte.
>
> Ein Foto, das mir aus dem Regal entgegenhüpfte, zeigte Moms Hund. Die Blumentöpfe, die aus dem Nichts von der

Fensterbank fielen, waren von ihr. Der Spiegelschrank, in den einer der Blumentöpfe krachte, war ebenfalls von Mom. Auch der Marmortisch, der zerbrach, als das Bücherregal umkippte, stellte für mich eine Bindung zu meiner Mutter dar.

In den Tagen nach diesen Ereignissen hatten wir ganz viel Zeit, uns zu unterhalten. Es stellte sich etwas Wichtiges heraus: Mein Gefühl der letzten Monate, dass es ihr nicht gut geht, war berechtigt. Im vergangenen Jahr hat sie einen Selbstmordversuch unternommen, und sie erzählte mir am Wochenende, dass es ihr nun wieder ziemlich schlecht gehe. Sie sagte, sie wolle eigentlich seit Monaten zu mir ziehen, sehe aber keine Möglichkeit, dies umzusetzen. Nun suchen wir gemeinsam eine Wohnung und auch Arbeit für sie.

Ich bin mir ziemlich sicher, dass das Gespräch die Lösung war. Und wenn Sie sich jetzt fragen, wieso ich darauf nicht früher gekommen bin – ich weiß es nicht. Es war so offensichtlich!

Ich möchte mich ganz herzlich bei Ihnen bedanken. Ohne Sie hätte ich nie über eine solche Möglichkeit nachgedacht. Der Spuk ist zu Ende.

17. Kapitel:

Noch Fragen?

Es läutet wieder. Draußen ist es dunkel, und eigentlich ist es auch Zeit für mich, nach Hause zu gehen. Ich gehe in der Regel nie nach Büroschluss ans Telefon, denn wenn ich mich nicht an meine eigenen Bürozeiten halte, komme ich nicht zur Ruhe. Aber mein Bauchgefühl sagt mir: Dieses eine Gespräch ist wohl noch in Ordnung.

»Lucadou.«

»Ja, ach, ich habe gar nicht mehr damit gerechnet, dass ...«

»Worum geht es denn?«

»Ich, wir, wir haben heute schon einmal wegen meines Falles miteinander gesprochen.«

»Helfen Sie mir, um welchen Fall geht es denn?«, frage ich und versuche einen Anflug von Müdigkeit zu verbergen.

»Die versunkene Stadt und der Kompass«, antwortet die Frau und wirkt selbst überrascht von dem Satz: Es hört sich an wie der Titel eines historischen Abenteuerromans.

»Ich erinnere mich«, sage ich und lehne mich im Stuhl zurück. Am Morgen hatte ich ihr ein weiteres Gespräch zum Spuk versprochen.

»Sie sagten, wir müssten ein andermal reden, wenn ich wissen wollte, welche Erklärung es dafür gibt, dass die Psyche auf die Umwelt einwirken kann; wenn ich also wissen will, was die wirkliche Ursache für den Spuk ist. Nun habe ich mit meinem Mann schon seit zwei Stunden diskutiert, und er fragt immer wieder: Aber wie soll das denn funktionieren? Also dachte ich, ich versuche es einfach gleich heute noch mal.«

Mein Erstaunen über den späten Anruf weicht, und ich

freue mich fast ein bisschen. Ich genieße es durchaus, wenn Menschen ehrliches Interesse an den Hintergründen von Erscheinungen und Spuk zeigen, denn das ist auch mein ureigenstes Interesse.

»Darf ich bei Einstein anfangen?«, frage ich unvermittelt, und es scheint so, als würde ich der Frau mit meinem direkten Einstieg in das Gespräch eine Freude machen.

»Aber sicher«, sagt die Frau, ihre Stimme klingt erleichtert.

»Was passiert, wenn Sie einen Stein in der Hand haben und loslassen?«, frage ich.

»Der fällt herunter«, sagt die Frau schnell.

»Und warum?«

»Wegen der Erdanziehung.«

»Falsch.«

»Was?«

Mit dieser Antwort hat sie nicht gerechnet.

»Die scheinbar einfache Antwort ist leider falsch. Nicht nur die Erde zieht den Stein an, der Stein zieht auch die Erde an. Erde und Stein ziehen sich mit der jeweils gleichen Kraft an, beide treffen sich, wenn man sie nicht festhält, an ihrem gemeinsamen Schwerpunkt. Natürlich fällt die Kraft des Steins für die Erde kaum ins Gewicht, aber auch er zieht an der Erde. Isaac Newton kam darauf, als er einen Apfel vom Baum fallen sah. Das war eine geniale Gedankenleistung.«

Wie Isaac Newton waren auch Wilhelm Konrad Röntgen oder Albert Einstein Menschen, die nicht einfach hinnahmen, was sie in der Schule über die Welt gelernt hatten. Albert Einstein zum Beispiel war ein ausgezeichneter Fragensteller. Einmal fragte er einen Dachdecker, der einen Sturz vom Dach überlebt hatte, ob er denn im freien Fall eine Kraft gespürt habe, die an ihm ziehe? Der Dachdecker sagte: Nein. Mit dieser Antwort war ein Problem formuliert, das Einstein interessierte. Er hatte Zweifel daran, ob die Gravitation wirklich eine *Kraft* ist. In einem Aufzug, der frei fällt, spürt man zum Beispiel nichts von dieser Kraft. Einstein kam darauf, dass die Gravitation vielleicht einfach nur eine Eigenschaft des Raumes ist: Der Raum »biegt sich«, sehr verkürzt gesagt, wenn eine Masse darin liegt. Das war eine revolutionäre Sicht auf die Welt. Und sie hatte etwas Gutes: Einstein musste nicht die bis dahin vorherrschende Physik über den Haufen werfen, um seine Erklärung beizubehalten. Er hat es geschafft, mit seinen neuen Erkenntnissen an das zu seiner Zeit bekannte Wissen anzuknüpfen. Newtons und Einsteins Erkenntnisse haben sich ergänzt und erklären zusammengenommen die Gravitation.

Auch für den Spuk gibt es eine eigene Erklärung, die man aber auch mit unserem bisher vorhandenen Wissen über die Physik verknüpfen kann.

»Na, da bin ich gespannt«, sagt die Frau am Telefon, als ich ihr die Erklärung für den Spuk andeute.

»Dann müssen Sie jetzt bitte sehr aufmerksam sein«, sage ich zu ihr.

Zunächst zitiere ich einen wesentlichen Satz aus einer meiner wissenschaftlichen Arbeiten.[44] Dieser Satz heißt: »Die paranormalen Phänomene sind in Wirklichkeit Verschränkungskorrelationen in psycho-physikalischen, organisatorisch geschlossenen, selbst organisierenden Systemen, die durch die pragmatische Information erzeugt werden, die in dem System eine Rolle spielt.«

Die Natur unterscheidet nicht zwischen Fächern wie Physik und Psychologie, mit denen der Mensch und dessen Umwelt beschrieben werden. In der Natur kommt der Mensch als Ganzes vor. Trotzdem haben wir Wissenschaftler die Welt in Scheibchen geschnitten. Wir haben Fächer begründet und fragen in der Psychologie, wie der Mensch denkt, fühlt, handelt. Nur: Kann man das Denken, Fühlen und Handeln isoliert von allem anderen betrachten? Nein. Sobald ich ein Auto steuere, befinde ich mich in einem psycho-physikalischen System. Ich denke, sehe, orientiere mich und nehme Einfluss auf die Physik – auf das Auto und den Straßenverkehr. Schon muss ich, wenn ich dieses System erkunden will, fächerübergreifend denken.

Der Begriff »organisatorisch geschlossen« stammt von Francesco Varela[45], einem Biologen. Varela fragte sich, warum Amöben oder Einzeller eigentlich so etwas wie eine Einheit bilden. Der Mensch bildet durch seinen Körper auch eine Einheit, ein von der Umwelt getrenntes System. Obwohl er atmet und Nahrung aufnimmt, obwohl er also mit der Umgebung verbunden ist, ist er eine Einheit. Wenn wir abends einschlafen, verlieren wir unser Bewusstsein. Wenn wir aber morgens aufwachen, sind wir immer noch dieselbe Person. Es ist ein kleines Wunder, dass ich jeden Morgen wieder Walter von Lucadou bin und niemand anderes. Für diese Fähigkeit hat Varela den Begriff »organisierte Geschlossenheit« eingeführt. Erst wenn wir aufhören zu essen und zu atmen, wenn der Stoffwechsel stoppt, dann zerfällt der Organismus, und die Einheit löst sich auf. Wenn wir sterben, wird die organisierte Geschlossenheit aufgehoben.

Ein psycho-physikalisches System, wie ich es bei Spukfällen annehme, ist ebenfalls organisatorisch geschlossen. Wenn es das nicht wäre, könnte man den psychologischen Bestandteil und den physikalischen Bestandteil einfach trennen. Das geht aber nicht. Wenn es spukt, entsteht eine Einheit. Es entsteht ein System, das sich selbst organisiert. Es zerfällt nicht in Bestandteile.

Nun fehlt noch ein Teil, um den Satz aus meiner Arbeit zu verstehen: Man muss erklären, was es mit der pragmatischen Information auf sich hat.

Pragmatisch bedeutet: bezogen auf eine Handlung. Man

kann die Bedeutung einer Information daran messen, wie jemand auf ein Ereignis reagiert. Wenn jemand einen Telefonanruf im Büro bekommt und nach dem Telefonat sofort aufsteht und rausrennt und im Auto davonfährt, dann wird man, wenn man die Szenerie beobachtet, sagen: Das muss etwas Wichtiges gewesen sein. Das muss eine hohe Bedeutung gehabt haben. Wenn jemand aber während des Anrufs gelangweilt an die Decke schaut, wird man sagen: Das kann nichts Wichtiges gewesen sein. Die pragmatische Information misst man an der Reaktion, die sie in einem System erzeugt. In der Parapsychologie spielen nun nur bedeutsame Informationen eine Rolle. Die paranormalen Phänomene haben fast immer mit Todesfällen, Streit, Unfällen oder sehr persönlichen, einschneidenden Erfahrungen zu tun.

Dazu ein Beispiel:

Unsere Tochter wollte nach dem Abitur unbedingt nach Australien reisen. Ich sorgte mich sehr, bevor sie die Reise antrat. Einerseits spürte ich einen Trennungsschmerz, andererseits machte ich mir Sorgen um ihre Sicherheit. Aber meine Frau fand, das gehe schon in Ordnung. Ein Verbot der Reise stand sowieso nicht zur Debatte, weil sie sich die Reise selbst zusammengespart hatte. Und so verreiste sie.

Eines Mittags dann – unsere Tochter hatte schon mehrere Wochen in Australien verbracht – saßen wir beim Tee, als meine Frau unvermittelt in Tränen ausbrach.

»Was ist los?«, fragte ich. »Was ist mit dir?«

»Jetzt ist gerade was mit unserer Tochter passiert«, sagte meine Frau schluchzend, aber mit einer großen Gewissheit in der Stimme.

Ich versuchte sie zu beruhigen, doch ohne Erfolg. Wir verbrachten beide einen unruhigen Abend und eine unruhige Nacht.

Am nächsten Tag blieb mir fast das Herz stehen, als ich auf dem Faxgerät im Büro der Beratungsstelle eine Nachricht fand: ein Fax aus einem Krankenhaus in Australien. Unsere Tochter, stand dort zu lesen, habe einen schweren Unfall gehabt.

Ich nahm sofort Kontakt zu dem Krankenhaus in Australien auf und sorgte für den Rücktransport unserer Tochter. Vier Tage später war sie wieder bei uns in Freiburg, allerdings musste sie auch hier gleich in ein Krankenhaus. Alles ging zum Glück gut aus.

Später fragte ich mich: Wie kann man die Reaktion meiner Frau eigentlich verstehen? Jeden Tag passieren Zigtausend Unfälle auf der Welt. Müsste meine Frau, wäre sie tatsächlich hellsichtig, nicht ständig in Tränen ausbrechen?

Nein, das müsste sie nicht. Sie weint nicht jeden Tag und jede Nacht, denn die allermeisten Unfälle auf dieser Welt haben keine Bedeutung für sie. Nur das Unglück der Tochter hatte für sie Bedeutung. Und es war unerheblich, ob es nebenan geschah oder in Australien.

Diese Geschichte soll vor allem eines zeigen: Die Bedeutung eines Ereignisses ist das Entscheidende bei paranormalen Phänomenen. Nur weil es eine Verschränkung gab, weil meiner Frau das Wohlbefinden unserer Tochter natürlich am Herzen liegt, weil es ihr etwas bedeutet, spürte sie das Unglück und reagierte darauf. Verschränkung kommt durch Bedeutung zustande. Sie ist ein Zeichen für die Verbindung, die wir zu einem anderen Menschen oder zu unserer Umgebung haben.

Was ist die Verschränkung nun in unserem Fall genau?

Sie drückt einen Zusammenhang aus, eine sogenannte Korrelation, oder, wie wir es auch nennen: eine Verschränkungskorrelation.

Korrelationen werden durch Kausalzusammenhänge erzeugt. Es gibt eine Korrelation zwischen Autounfällen mit schweren Verletzungen und der Frage, ob jemand angeschnallt war. Wer nicht angeschnallt war, wird bei einem

Unfall im Allgemeinen schwerer verletzt. Es gibt aber noch andere Korrelationen. Wir wissen, dass es eine Korrelation gibt zwischen der Anzahl der Störche, die in Deutschland leben, und der Anzahl der Babys, die pro Jahr auf die Welt kommen. Das ist statistisch gesichert und wurde zum Beispiel 2004 von Thomas Höfer vom Bundesinstitut für Risikoforschung in Berlin in einer Studie nachgewiesen. Es gibt also einen zahlenmäßigen Zusammenhang, den man nicht unmittelbar erklären kann. Diese Korrelation hat nichts mit der räumlichen Entfernung von Babys und Störchen zu tun, und sie hängt auch nicht mit dem Zeitpunkt der Messung zusammen. Raum und Zeit scheinen in diesem Fall egal zu sein.

Also: Es gibt Korrelationen, die einen kausalen Zusammenhang wiedergeben, und Korrelationen, die keinen kausalen Zusammenhang wiedergeben. Und es gibt eine Form der Korrelation, wie wir von Einstein, Rosen und Podolsky gelernt haben: die Verschränkung, beziehungsweise die Verschränkungskorrelation. Einstein und seine beiden Forschungsassistenten berichten von Quantenteilchen, die sich gegenläufig verhalten. Verändert man das System, in dem sich das eine Teilchen befindet (zum Beispiel indem man eine Eigenschaft des Teilchens misst), dann verändert sich auch das andere Teilchen, weil sich das Gesamtsystem verändert. Räumliche und zeitliche Distanzen spielen dabei keine Rolle. Die beiden Teilchen befinden sich also in einem geschlossenen System, für das eine Symmetriebedingung gilt. Die Änderung des anderen Teilchens kann nicht als kausaler Prozess dargestellt werden.

Viel wichtiger als das Zustandekommen dieser merkwürdigen Verschränkung von psycho-physikalischen Systemen, über das noch viel geforscht werden muss, ist allerdings die Eigenschaft von Verschränkungskorrelationen, die sich in einem zweiten grundlegenden Satz ausdrückt: »Verschränkungskorrelationen können nicht zur Übertragung von Signalen oder kausalen Wirkungen verwendet werden – Jeder Versuch, dieses zu tun, verändert die Korrelation auf nicht vorhersagbare Weise oder bringt sie zum Verschwinden.« Verschränkungszusammenhänge sind »flüchtig«, wie das berühmte Grinsen der Katze aus *Alice im Wunderland*, welches noch übrig blieb, nachdem die Katze bereits verschwunden war. Auf die »Verwertung« von paranormalen Phänomenen angewendet, heißt das allerdings klipp und klar: In dem Moment, in dem man sich darauf verlassen will, funktioniert es nicht – oder es geschieht etwas anderes. Das heißt nicht, dass es keine »paranormalen Phänomene« geben kann. Es heißt nur, dass man sich nicht auf sie verlassen kann. Man kann sie nicht nutzen. Interessanterweise kann man ausgerechnet diese scheinbar negative Aussage experimentell relativ einfach überprüfen. Die Zusammenfassung aller bisher durchgeführten Experimente (man spricht dabei von einer »Metaanalyse«) mit Schmidtmaschinen (die ich oben beschrieben habe) ergab eine so fantastisch genaue Übereinstimmung mit unserem Modell, wie man es in der Psychologie selten erlebt.[46]

»Und was wollen Sie damit sagen?«, fragt mich jetzt die Frau am Telefon etwas verunsichert, als ich ihr die Parallele zwischen der Quantenphysik und der Parapsychologie und deren experimenteller Bestätigung zu erklären versucht habe.

»Dass die Natur offenbar nicht nur durch kausale Korrelationen bestimmt ist! Nicht alle Ereignisse, die wir sehen und erleben, stehen in ursächlichem Zusammenhang. Es gibt da noch das System der Verschränkung, das wir in der Parapsychologie Verschränkungskorrelation nennen, das vielleicht gleichberechtigt neben der Kausalität unsere Welt erklärt.«

»Und den Spuk auch?«, fragt die Frau.

»Den auch. Und die Liebe auch«, sage ich.

»Wie bitte?«, fragt sie erstaunt.

»Wer verliebt ist, erlebt so etwas wie organisatorische Geschlossenheit. Wer liebt, fühlt sich eins mit dem anderen, kann aber nicht beschreiben, warum. Ich behaupte, dass Liebe nichts anderes ist als die Folge einer Verschränkung.«

Liebe ist nach aller Erfahrung nicht zugänglich für Kausalität. Wenn eine Liebe in der Krise ist und ein Partner will mit Geschenken beweisen, dass er den anderen doch noch liebt, so geht das meist schief. Geschenke sind dann der Versuch, etwas kausal zu belegen, was nicht kausal belegt werden kann. Und das hat die Liebe mit dem Spuk gemein: Weder dem Spuk noch der Liebe kann man auf der Suche nach einer Erklärung mit kausalen Systemen beikommen. Mit dem Spuk ist es wie mit der Liebe: Es passiert, oder es passiert eben nicht. Man kann Spuk nicht durch eine Handlung heraufbeschwören. Die Verschränkung ist nicht nutzbar wie ein Handwerkszeug.

Und doch spielt sie in unserem Alltag eine große Rolle.

Wir vertrauen zum Beispiel einem Arzt, der viel Erfahrung hat und der mit Empathie auf den Patienten zugeht und erspürt, wo dessen Probleme liegen, viel mehr, als einem Apparatschik, der nur Checklisten durchgeht. Natürlich muss der Arzt seine Verschränkungswahrnehmung durch gründliche medizinische Untersuchung ergänzen, mit Laborwerten oder Computertomografie. Er ist kein guter Arzt, wenn er – und in der Apparatemedizin geschieht das leider immer öfter – ganz und gar auf die Verschränkungswahrnehmung verzichtet und glaubt, er könne der Krankheit gerecht werden, indem er nur die Laborwerte betrachtet. Die Therapieforschung hat eindeutig herausgefunden, dass das Gespräch mit dem Patienten – die Interaktion zwischen dem Arzt und dem Patienten, die »sprechende Medizin«, die Persönlichkeit des Arztes – zu den Hauptwirkfaktoren von Heilung gehört. Es kommt dabei weniger auf die Methode an, die der Arzt anwendet; viel wichtiger ist die Persönlichkeit des Arztes. Wir brauchen die Verschränkung – die wir in diesem Fall auch Intuition oder Bauchgefühl nennen können – genauso, wie wir unseren Verstand brauchen. Wenn wir das eine oder das andere vernachlässigen, tun wir uns keinen Gefallen.

»Schön«, sagt die Frau am Telefon nun ganz ruhig. »Aber wie funktioniert dann jetzt die Verschränkung genau?«

»Tja. Das ist die Frage«, antworte ich. »Wo nimmt sie ihren Ausgang? Wie funktioniert sie? Die Frage ist so nicht zu beantworten. Man müsste dann auch fragen: Warum gibt es Kausalität? Woher kommen Impulse, die etwas auslösen? Wieso funktionieren kausale Verkettungen? Wieso ist die Welt so, wie sie ist?«

Diese Frage ist immer noch nicht wirklich zu beantworten. Raum und Zeit sind Kategorien unserer Wahrnehmung, hat der Philosoph Immanuel Kant gelehrt. Raum und Zeit seien Filter, mit denen wir die Welt sehen. In der Welt aber gibt es in Wahrheit keinen Raum und keine Zeit. Beides sind Konstrukte, mit denen wir sie beschreiben. Viele von uns denken, dass dies die einzigen Größen seien, mit denen wir die Welt beschreiben können. Jetzt aber lernen wir die Verschränkung kennen, und wir sehen: So ist es nicht. Es gibt noch ein anderes Erklärungsprinzip. Warum es das gibt? Ich kann es nicht sagen. Warum gilt der Energieerhaltungssatz? Warum gibt es feste Materie?

Wir kennen die Wirkungsweise der paranormalen Phänomene nicht im Einzelnen. Wenn die Menschen mich fragen, wie genau ich mir Spuk erkläre, sage ich: Spuk ist eine psychosomatische Reaktion, die nicht im eigenen Körper stattfindet. Darauf fragen viele: Aber wie funktioniert denn eine solche psychosomatische Reaktion? Dann sage ich: Fragen Sie mal einen Mediziner, wie eine psychosomatische

Reaktion im Körper genau abläuft. Er wird es Ihnen nicht sagen können. Und genau das erkläre ich der Frau am Telefon. Ihre Reaktion ist sehr ehrlich:

»Das klingt jetzt nach einem Eingeständnis, dass Sie auch keine Antwort haben«, sagt sie.

»Ich glaube, dass wir auf einer kleinen Insel in einem unendlichen Meer von Unverständnis erst ein paar Strukturen verstanden haben«, antworte ich ihr. Einen Moment lang bleibt es still. Dann sagt sie leise: »Verstehe.«

»Und nicht einmal diese paar Strukturen«, fahre ich fort, »sind richtig beschrieben. Ich glaube zum Beispiel nicht, dass wir die Welt wahrnehmen, wie sie wirklich ist. Es ist in meinen Augen eine Illusion, dass wir die Welt so sehen, wie sie wirklich ist.«

»Glauben Sie an Gott?«, fragt sie nun plötzlich.

Ich lehne mich im Stuhl zurück. Es ist spät geworden. Immer wenn es bei Diskussionen über Spuk spät wird, kommt, verständlicherweise, die Frage nach Gott.

»Der Mensch hat die Eigenschaft, die Welt um ihn herum anthropomorph, also belebt, zu sehen«, antworte ich. »Niemand sieht die Welt abstrakt. Selbst die klügsten Wissenschaftler reden mit ihrem Computer oder ihrem Auto so, als wäre es ein Gegenüber – obwohl sie wissen, dass es eine Maschine ist. Wir neigen dazu, auch das Undurchschaubare immer als ein Gegenüber zu erleben. In den meisten Religionen – mit Ausnahme des Buddhismus – ist der Glaube mit einem Wesen verbunden – einem höheren Wesen wie Gott oder einem Gegner wie dem Dämon oder dem Teufel. Unser Gehirn braucht Gestalten, um die Welt zu begreifen.«

Als ich der Frau das sage, erinnere ich mich an einen meiner Lieblingsautoren, Dionysius Areopagita im 5. Jahrhundert, der erste Bischof von Athen. Er war ein eher unbekannter Mystiker, der einen wunderschönen Text geschrieben hat, in dem er sagt, was Gott alles nicht ist: nicht das Gute und nicht das Böse, kein Gedanke und kein Geist. Alles, was wir an Begriffen erfinden, ist er nicht. Er steht über den Begriffen. Trotzdem wird er noch immer als eine Person gedacht.

Wenn die Menschen mich nach Gott fragen, rede ich mich manchmal heraus und sage, dass ich als Leiter der Parapsychologischen Beratungsstelle keine weltanschaulichen Äußerungen machen darf. Aber dennoch kann ich mich der Frage nicht wirklich entziehen. Ich glaube, dass der Mensch, so wie er ist, kein Bioroboter ist, der auf einem Stäubchen im Weltall schwebt, ohne Sinn und Verstand. Ich glaube, dass der Mensch auf etwas hinweist, und das bezeichne ich für mich als das »Numinose«. Das Numinose ist eine Frage, die so groß und nicht zu durchdringen ist, dass wir davor nur staunen können.

Der Glaube an dieses Numinose ist für mich eine Verschränkungswahrnehmung. Da ist etwas, mit dem ich verschränkt bin, auch wenn ich es nicht beschreiben kann. Mit meiner Umgebung, mit den Menschen, die ich liebe. Vielleicht mit einem Gott, ich weiß es nicht.

Als ich noch in der Schule war, bin ich einmal über den Pausenhof gelaufen. Dort lag ein zerknittertes Blatt auf dem Boden, und ich habe es aufgehoben. Es stand ein Gedicht darauf. Ich habe es gelesen und wusste nicht, von wem es ist. Es hat mich erschüttert bis ins Mark. Niemand sagte mir, dass es die »Todesfuge« von Paul Celan war, dass es um die Ermordung der Juden ging. Damals kannte ich diesen Hintergrund nicht, und ich konnte auch nicht benennen, was mich so erschüttert hat. Aber die Erkenntnis, dass es sich bei diesem Gedicht um etwas Großartiges handelt, habe ich selber gewonnen. Ich bringe das in Zusammenhang mit der Verschränkungswahrnehmung, mit der Möglichkeit, dass uns ein Kunstwerk unmittelbar anspricht, ohne dass wir es in Kategorien von Raum und Zeit zergliedern. Viele interpretieren dieses Erlebnis religiös und nennen es das Transzendente. Ich tue das nicht, weil ich nicht religiös bin. Ich glaube nur, dass es nicht von ungefähr kommt.

Die Frau am Telefon lacht. »Sie bleiben gerne vage, wenn es um die letzten Fragen geht, nicht wahr?«

»Wenn wir es doch nicht besser wissen«, entgegne ich und weise auf die fortgeschrittene Zeit hin. »Selbstverständlich«, sagt sie. »Nur eines noch: Was kommt Ihrer Meinung nach nach dem Tod?«

Ich bin gerade dabei, den Computer herunterzufahren, und atme noch einmal tief durch.

»Die meisten Leute denken«, sage ich, »es gebe zwei Möglichkeiten: Entweder man stirbt und alles ist aus, oder die menschliche Seele existiert in einem Jenseits. Beides sind Vorstellungen, die der Mensch entworfen hat, um sich mit dem Tod auseinanderzusetzen. Aber in meinen Augen gibt es noch eine Möglichkeit, eine, die viel wahrscheinlicher ist. Was, wenn mit dem Tod wirklich alle unsere Vorstellungen von Raum und Zeit, von Vorher und Nachher verschwinden? Ich muss doch damit rechnen, dass mit dem Sterben meines Gehirns diese Kategorien verschwinden und ich einen anderen Bereich betrete, oder?«

»Vielleicht«, sagt die Frau leise und zögerlich. Der Gedanke, dass alle Dinge verschwinden, ist nicht leicht nachzuvollziehen.

»Wie dieser Bereich aussieht, weiß ich nicht. Ich will nur nahelegen, dass es ja auch einen dritten Ausgang geben könnte. Und dieser dritte Ausgang könnte ganz anders aussehen als alles, was wir bisher kennengelernt haben.«

»Das klingt gar nicht so hoffnungslos«, sagt die Frau.

»Wenn Sie so wollen«, sage ich und verabschiede mich höflich, aber bestimmt.

Ich lösche das Licht in meinem Büro in der Hildastraße und gehe durch die Nacht nach Hause.

Anmerkungen

1 Z.B. http://blog.gwup.net/2010/11/20/dr-dr-von-lucadou-der-tragische-beglaubiger/

2 Franziska Wald hat 2010 am Psychologischen Institut der Albert-Ludwigs-Universität Freiburg eine sehr gute Diplomarbeit geschrieben. Der Titel: »Bitte halten Sie mich nicht für verrückt!« – Eine Analyse der elektronischen Briefsammlung der Parapsychologischen Beratungsstelle.

3 Benders, H.: *Parapsychologie, ihre Ergebnisse und Probleme.* Schünemann, Bremen 1954

4 Hans Driesch: *Parapsychologie. Die Wissenschaft von den okkulten Erscheinungen.* Rascher Verlag, Zürich 1952

5 Albert Einstein, Leopold Infeld und Werner Preusser: *Die Evolution der Physik.* Rowohlt, Hamburg 1956; Wolfgang Büchel: *Die philosophischen Probleme der Physik.* Herder, Freiburg 1965

6 H. Atmanspacher, H. Römer, H. Walach: »Weak Quantum Theory: Complementarity and Entanglement«, in: *Physics and Beyond.* http://arxiv.org/abs/quant-ph/0104109, Foundations of Physics 32, 2002, S. 379–406

Die immer wieder vorgebrachte Meinung (vgl. Hergovich 2001, Lambeck 1997, Leick 2006), man dürfe die Quantentheorie nicht auf makroskopische Systeme anwenden, ist, obgleich selbst fragwürdig, hier gar nicht zutreffend (vgl. Lucadou 1974, 1997, Römer, Leick 2006), weil die WQT und das MPI keine reduktionistischen Modelle sind. Hergovich, A.: *Der Glaube an Psi. Die Psychologie paranormaler Überzeugungen.* Hans Huber Verlag, Bern 2001

Hergovich, A.: »Zum gegenwärtigen Stand der Parapsychologie als wissenschaftliche Disziplin«, *Psychologie in Österreich,* 4, 2010, S. 304–307

Lambeck, M.: »Können Paraphänomene durch die Quantentheorie erklärt werden?«, in: *Zeitschrift für Parapsychologie und Grenzgebiete der Psychologie,* 39, 1997, S. 103–116, und »Antwort auf die Replik von Dr. Dr. von Lucadou«, S. 117–122

Leick, P.: »Die schwache Quantentheorie und die Homöopathie«, in: *Skeptiker*, 19, 3/06, 2006, S. 92–102

Lucadou, W.v.: »Zum parapsychologischen Experiment – eine methodologische Skizze«, in: *Zeitschrift für Parapsychologie und Grenzgebiete der Psychologie*, 16, 1974 S. 57–62

Lucadou, W.v.: »Muß die Quantentheorie durch Paraphänomene ergänzt werden? – Bemerkungen zu Professor Lambecks Thesen«, in: *Zeitschrift für Parapsychologie und Grenzgebiete der Psychologie*, 39, 1997, S. 17–123

Römer, H., Leick, P.: »Gemeinsame Erklärung«, in: *Skeptiker*, 19, 4/06, 2006, S. 176–178

7 Jordan, P.: *Verdrängung und Komplementarität*. Hamburg: Storm 1947

8 Oteri, L. (ed.): *Quantum physics and parapsychology*. New York: Parapsychology Foundation 1975

9 Josephson, B. D.: »Foreword«, in: Puharich, A. (ed.): *The Iceland Papers. Selected Papers on Experimental and Theoretical Research on the Physics of Consciousness*. Amherst: Essentia Research Associates 1979, S. 5

10 Bauer, E., Hövelmann, G. H., Lucadou, W.v. (1982): »Der Jahrhundertkongreß – Cambridge 1982«, in: *Zeitschrift für Parapsychologie und Grenzgebiete der Psychologie,* 24, S. 193–215. Ich habe dort den folgenden Vortrag gehalten: Lucadou, W.v. (1987): »The Model of Pragmatic Information (MPI)«, in: R. L. Morris: *The Parapsychological Association 30th Annual Convention, Proceedings of Presented Papers*. Parapsychological Association, 236–254. Eine ausführlichere Darstellung erschien dann 1995: Lucadou, W.v. (1995): »The Model of Pragmatic Information (MPI)«, in: *European Journal of Parapsychology*, 11, S. 58–75

11 Bösch, H., Steinkamp, F. & Boller, E. (2006): »Examining psychokinesis: The interaction of human intention with random number generators: A meta analysis«, in: *Psychological Bulletin*, 132 (4), 497–523. Dieser Artikel wurde allgemein als das »Aus« der Parapsychologie angesehen, vergleiche Anmerkung 32. Ulrich Timm konnte allerdings 2007 zeigen, dass meine theoretische Voraussage, dass nämlich die Trefferrate mit der Anzahl der Versuche auf eine bestimmte Weise (1/vn) abnimmt, mit großer statistischer Signifikanz mit den Daten übereinstimmt, vergleiche Timm, U. (2007): »Reanalyse einer Metaanalyse von Rng Pk Experimenten«, WGFP Workshop, Offenburg 21. 10. 2007. Interessant ist in diesem Zusammenhang, dass die Autoren der Metaanalyse die Voraussage meines theoretischen Modells mit keinem Wort erwähnen, obwohl diese ihnen bekannt war und obwohl so eine theoretische Voraussage in der Wissenschaft normalerweise als großer Erfolg verbucht wird.

12 Zahradnik, F.: *Irritation der Wirklichkeit. Eine qualitative und quantitative Analyse der Briefsammlung der Parapsychologischen Beratungsstelle in Freiburg*. Lit-Verlag, Münster 2007

13 Lucadou, W.v.: »Psyche und Chaos – Jugendliche im Umgang mit dem Okkulten«, in: Nr. 16 der Schriftenreihe der Arbeitsgemeinschaft für Gefährdetenhilfe und Jugendschutz in der Erzdiözese Freiburg e.V. (AGJ) 1992, S. 5–42, AGJ-Verlag: Freiburg i. Br.; Lucadou, W.v.: »Psychische Störungen durch Psychokulte«, in: *TW Neurologie Psychiatrie*, 8, 1994, S. 380–387; Lucadou, W.v. (2006): »Paranormale Erfahrungen bei Jugendlichen – Beispiele aus der Parapsychologischen Beratungsstelle«, in: Hans-Peter Färber, Wolfgang Lipps, Thomas Seyfarth (Hrsg.): »Vom Abenteuer erwachsen zu werden. Soziale Kompetenz erwerben, erweitern, stärken«. Attempto Verlag, Tübingen 2006, S. 165–181; Lucadou, W.v.: »Okkultismus – Die Geisterwelten von Jugendlichen«, ebd., S. 182–191

14 Lucadou, W.v.: »Die Magie der Pseudomaschine«, in: Wilfried Belschner, Joachim Galuska, Harald Walach, Edith Zundel (Hrsg.): *Transpersonale Forschung im Kontext*. Bibliotheks- und Informationssystem der Universität Oldenburg 2002 (Transpersonale Studien 5); Lucadou, W.v.: »Homeopathy and the Action of Meaning – The Model of Pragmatic Information (MPI) and Homeopathy«, Contribution to the Samueli Symposion, Freiburg i. Br. 2002

15 Lucadou, W.v. (1982): »Der flüchtige Spuk«, in: *Zeitschrift für Parapsychologie und Grenzgebiete der Psychologie*, 24, S. 93–109; ebenfalls in: Bauer, E., Lucadou, W.v. (Hrsg.): *Spektrum der Parapsychologie*. Aurum, Freiburg 1983, S. 150–166; Lucadou, W.v.: »Vom Abgrund der Systeme«, in: *Zeitschrift für Parapsychologie und Grenzgebiete der Psychologie*, 31, 1989, S. 108–121; Lucadou, W.v.: »Spuk«, in: Sylvia M. Schomburg-Scherff und Beatrix Heintze (Hrsg.): *Die offenen Grenzen der Ethnologie*. Lembeck, Frankfurt a. M. 2000, S. 219–230; Lucadou, W.v., Zahradnik, F.: »Predictions of the Model of Pragmatic Information about RSPK. Paper for the Parapsychological Association Convention 2004, Abstracts of Presented Papers from the Parapsychological Association«, in: *Journal of Parapsychology, 69*, 2006, S. 31–32

16 Lucadou, W.v.: »Lebenshilfeberatung, Beratung bei ungewöhnlichen menschlichen Erfahrungen und spirituellen Krisen – Was braucht der Berater/die Beraterin?«, in: Wilfried Belschner, Joachim Galuska, Harald Walach, Edith Zundel (Hrsg.): *Perspektiven transpersonaler Forschung*. Oldenburg, Bibliotheks- und Informationssystem der Universität Oldenburg 2001, S. 169–186 (Transpersonale Studien 3); Lucadou, W.v., Zahradnik, F.: »Die verschwiegene Erfahrung – ungewöhnliche Erlebnisse in der transpersonalen Psychologie«, in: *Zeitschrift für transpersonale Psychologie,* 2, 2005, S. 78–89

17 Der »Census of Hallucinations« stellt die erste repräsentative Bevölkerungsbefragung zu Halluzinationen und Visionen dar. Es wurden 17 000 Personen befragt; circa zehn Prozent berichteten über »paranormale« Koinzidenzen. Der Bericht erschien in den *Proceedings of the Society for Psychical Research*, Vol. X, 1889

18 Lucadou, W.v.: »Gespensterfurcht«, in: Gerhard Roth/Uwe Opolka (Hrsg.): *Angst, Furcht und ihre Bewältigung*. Hanse-Studien, Hanse-Wissenschaftskolleg Delmenhorst, Band 2, Bibliotheks- und Informationssystem der Universität Oldenburg 2003, S. 261–288; Tholey, P.: »Erkenntnistheoretische und systemtheoretische Grundlagen der Sensumotorik aus gestalttheoretischer Sicht«, in: *Sportwissenschaft*, 10, 1980, S. 7–35

19 Schouten, S.: »Quantitative Analysen paranormaler Spontanberichte«, in: *Zeitschrift für Parapsychologie und Grenzgebiete der Psychologie*, 25, 1983, S. 1–27

20 David J. Hufford: *The Terror That Comes in the Night: An Experience-Centered Study of Supernatural Assault Traditions*. University of Pennsylvania Press, Philadelphia 1982 (Publications of the American Folklore Society, Vol. 7)

[21] Bender, H.: »Moderne Spukforschung. Ein Plädoyer für eine vorurteilslose Forschung«, in: Beloff, J. (Hrsg.): *Neue Wege der Parapsychologie*. Walter Verlag, Olten 1980, S. 175–199

[22] Allan, Schiff, H. und Kramer, G. G.: *Falsche Geister, echte Schwindler. Geisterjagd durch drei Jahrhunderte*. Paul Zsolnay Verlag, Wien 1969

[23] Wimmer, W.: »Die merkwürdige Wissenschaft der Spuk-Professoren«, in: *Zeitschrift für die gesamte kriminalistische Wissenschaft und Praxis*, 24, 1970, Heft 7; siehe dazu aber auch: Büchel, W.: »Zur Kritik an der Parapsychologie«, in: *Zeitschrift für Parapsychologie und Grenzgebiete der Psychologie*, 18, 1976, S. 161–186; Bauer, E., Mischo, J.: »Ein Staatsanwalt vor dem ›Unheimlichen‹«, in: *Zeitschrift für Parapsychologie und Grenzgebiete der Psychologie*, 12, 1970, S. 255–259

[24] Moser, F.: *Spuk – Ein Rätsel der Menschheit*. Walter Verlag, Olten 1977 (Nachdruck des Werkes: *Spuk – Irrglaube oder Wahrglaube*. Gyr, Baden bei Zürich 1950)

[25] Bender, H.: *Verborgene Wirklichkeit*, Serie Piper, München, Zürich, 1985, S. 47–48; Schäfer, H.: *Der Okkulttäter (Hexenbanner – Magischer Heiler – Erdentstrahler)*. Verlag für kriminalistische Fachliteratur, Hamburg 1959; Schäfer, H.: *Poltergeister und Professoren. Über den Zustand der Parapsychologie*. Schäfer, Bremen 1994

[26] Schmidt, H.: »Zur Ausrüstung im parapsychologischen Laboratorium«, in: Beloff, J. (Hrsg.): *Neue Wege der Parapsychologie*. Walter Verlag, Olten 1980, S. 51–77

[27] Lucadou, W.v. (2000): »Backward Causation and the Hausdorff-Dimension of Singular Events«, in: Steinkamp, F. (ed.): *Proceedings of Presented Papers. The Parapsychological Association 43rd Annual Convention August 17–20, 2000*, Freiburg i. Br. 2000, S. 138–147

[28] Lucadou, W.v.: »Keine Spur von Psi – Zusammenfassende Darstellung eines umfangreichen Psychokinese-experiments«, in: *Zeitschrift für Parapsychologie und Grenzgebiete der Psychologie*, 28, 1986, S. 169–197

[29] Einstein, A., Podolsky, B. & Rosen, N.: »Can quantum mechanical description of physical reality be considered complete?«, in: *Physical Review*, 47, 1935, S. 777–780

[30] Lucadou, W.v.: »Was stimmt nicht mit der Psi-Definition?«, in: *Zeitschrift für Parapsychologie und Grenzgebiete der Psychologie*, 27, 1985, S. 3–23; Lucadou, W.v.: *Experimentelle Untersuchungen zur Beeinflußbarkeit von stochastischen quantenphysikalischen Systemen durch den Beobachter*. H.-A. Herchen Verlag, Frankfurt 1986; Lucadou, W.v.: »Keine Spur von Psi – Zusammenfassende Darstellung eines umfangreichen Psychokinese-experiments«, in: *Zeitschrift für Parapsychologie und Grenzgebiete der Psychologie*, 28, 1986, S. 169–197; Lucadou, W.v.: »Selbstorganisation zeitlicher Strukturen – Eine mögliche Lösung für das Interventionsproblem«, in: *Zeitschrift für Parapsychologie und Grenzgebiete der Psychologie*, 47/48/49, 2005/2006/2007, S. 64–89

[31] Rhine, J. B.: *The Reach of the Mind*. Sloane, New York 1947; deutsch: *Die Reichweite des menschlichen Geistes*.

Deutsche Verlags-Anstalt, Stuttgart 1950; Lucadou, W.v.: »Hans im Glück«, in: *Zeitschrift für Parapsychologie und Grenzgebiete der Psychologie*, 42–43, 2006, S. 3–19

[32] Lucadou, W.v.: »Was man nicht wiederholen kann – Zum Problem der Replizierbarkeit bei Experimenten mit komplexen Systemen«, in: *Zeitschrift für Parapsychologie und Grenzgebiete der Psychologie*, 32, 1990, S. 212–230

[33] Mahner, M.: »Der Tod der Parapsychologie (1850–2009)«, in: *Skeptiker*, 2, 2010, S. 79–80

[34] Lucadou, W.v.: »Lassen sich ›PK-Impulse‹ lokalisieren? – Korrelationen zwischen Persönlichkeitsmerkmalen von Beobachtern und quantenphysikalischen Fluktuationen«, in: *Zeitschrift für Parapsychologie und Grenzgebiete der Psychologie*, 35, 1993, S. 41–70

[35] Bauer, E., Lucadou, W.v.: »Parapsychologie in Freiburg«, in: *Zeitschrift für Parapsychologie und Grenzgebiete der Psychologie. Sonderheft: Parapsychologische Forschung in Freiburg – Dokumentation einer historischen Entwicklung*, 1995, S. 37–73; Schouten, S.: »Macht die Parapsychologie Fortschritte?«, *ebd.*, S. 89–115; Bauer, E., Lucadou, W.v.: »Parapsychologie«, in: R. Asanger, G. Wenninger: *Handwörterbuch der Psychologie*, 4. Aufl., Psychologie Verlags Union, München/Weinheim 1988, S. 517–524

[36] Jung, C. G., Pauli, W.: *Naturerklärung und Psyche*. Rascher Verlag, Zürich 1952

[37] Lucadou, W.v.: »Paranormale Erfahrungen im Umfeld des Sterbens – Beweisen sie das Überleben der Seele?«, in: Serwaty, A., Nicolay, J. (Hrsg.): *Begegnung mit Verstorbenen? – Beiträge aus Wissenschaft und Therapie zu einem tabubesetzten Thema*. Santiago Verlag, Goch 2011, S. 15–60

[38] Popper, K., Eccles, J.: *The Self and its Brain*. Springer International, New York 1977

[39] Jan Harold Brunvand: *The Vanishing Hitchhiker*. W. W. Norton & Company, New York 1981; Michael Goss: *Beweise: Phantomtramper*. Knauer, München 1992; Rolf Wilhelm Brednich: *Die Spinne in der Yucca-Palme*. Verlag C. H. Beck, München 1990

[40] Lucadou, Walter von: »Verhexung – Erfahrungen einer parapsychologischen Beratungsstelle«, in: Walter Bruchhausen (Hrsg.): *Hexerei und Krankheit, in der Reihe Medizin und Kulturwissenschaft. Bonner Beiträge zur Geschichte, Anthropologie und Ethik der Medizin*. LIT-Verlag, Münster 2003, S. 195–218

[41] Kammerer, P.: *Das Gesetz der Serie. Eine Lehre von den Wiederholungen im Lebens- und Weltgeschehen*. Mit 8 Tafeln und 26 Abb. Deutsche Verlags-Anstalt, Stuttgart/Berlin 1919

[42] Risso, M., Böker, W.: *Verhexungswahn*. S. Karger, Basel 1964; Lucadou, W.v., Poser, M.: *Geister sind auch nur Menschen*. Herder, Freiburg i. Br. 1997 (Herder Spektrum 4562)

[43] Lucadou, W.v.: »Complex Environmental Reactions, as a New Concept to Describe Spontaneous ›Paranormal‹ Experiences«, in: *Axiomathes*, 21, Nummer 2, June 2011, S. 263–285. Published online 14 December 2010, Springer, DOI 10.1007/s10516-010-9138-4

[44] Lucadou, W.v.: »The Model of Pragmatic Information (MPI)«, in: *European Journal of Parapsychology*, 11, 1995, S. 58–75; Lucadou, W.v.: *Psyche und Chaos – Theorien der Parapsychologie.* Insel, Frankfurt a.M. 1995; Lucadou, W.v., Römer, H., Walach, H.: »Synchronistic Phenomena as Entanglement Correlations in Generalized Quantum Theory«, in: *Journal of Consciousness Studies*, 14, No. 4, 2007, S. 50–74; Lucadou, W.v., Römer, H., Walach, H.: »Synchronistische Phänomene als Verschränkungskorrelation in der verallgemeinerten Quantentheorie«, in: *Zeitschrift für Parapsychologie und Grenzgebiete der Psychologie*, 47/48/49, 2005/2006/2007, S. 90–111

[45] Varela, F. J.: »Autonomy and Autopoiesis«, in: Roth, G., Schwengler, H. (ed.): *Self-organizing Systems.* Campus Verlag, Frankfurt 1981, pp. 14–23

[46] Lucadou, W.v.: »Parapsychologie – Ein Tabuthema für Psychologen?«, in: *Psychologie in Österreich*, 4, 2010, S. 274–281

Mehr über die Autoren

Dr. rer. nat. Dr. phil. Walter von Lucadou, Diplom-Physiker, Jahrgang 1945, Studium der Physik und Psychologie in Freiburg i. Br. und Berlin. Von 1974 bis 1977 Assistent am Physikalischen Institut der Universität Freiburg i. Br.; von 1977 bis 1979 wissenschaftlicher Mitarbeiter am Kiepenheuer-Institut für Solarastronomie, Freiburg i. Br.; von 1979 bis 1985 wissenschaftlicher Assistent an der Abteilung für Psychologie und Grenzgebiete der Psychologie der Universität Freiburg i. Br. und von 1985 bis 1987 Gastprofessor am Parapsychologischen Laboratorium der Universität Utrecht (Niederlande), einschließlich eines Forschungsaufenthaltes (auf Einladung) an der Universität Princeton (USA). 1989 Gründung der »Parapsychologischen Beratungsstelle« in Freiburg i. Br. und seitdem deren Leiter; Gründungsmitglied und Forschungsdirektor der Wissenschaftlichen Gesellschaft zur Förderung der Parapsychologie e.V. (WGFP); Lehrbeauftragter an verschiedenen Fachhochschulen und Universitäten.

Max-Dessoir-Preis der WGFP, 1993; Outstanding Contribution Award for 2000 of the Parapsychology Association, USA.

Mitglied der Parapsychological Association (PA), USA; der Society for Psychical Research (SPR), GB; der Society for Scientific Exploration (SSE), USA; der European Society for the Study of Cognitive Systems (ESSCS), NL; der Deutschen Gesellschaft für Systemforschung (DGSF); des Fachverbands für Prävention und Rehabilitation in der Erzdiözese Freiburg e.V. (AGJ); des Arbeitskreises Psychomarkt – Sekten – Destruktive

Kulte beim Berufsverband Deutscher Psychologen e.V. (BDP); der Wissenschaftlichen Gesellschaft zur Förderung der Parapsychologie (WGFP) sowie dem Deutschen Kollegium für Transpersonale Psychologie und Psychotherapie (DKTP); Mitarbeit am Institut für medizinische Ethik, Grundlagen und Methoden der Psychotherapie und Gesundheitskultur (IEPG).

Mitherausgeber und Redakteur der *Zeitschrift für Parapsychologie und Grenzgebiete der Psychologie,* der *Zeitschrift Cognitive Systems und der Revue Française de Psychotronique;* Wissenschaftlicher Beirat der Zeitschrift *Transpersonale Psychologie und Psychotherapie.*

Über 200 Fachpublikationen in Physik und Systemtheorie, Psychologie und Parapsychologie; als Bücher liegen vor: *Spektrum der Parapsychologie* (1983); *Psi – was verbirgt sich dahinter?* (1984) (jeweils als Herausgeber, zusammen mit Eberhard Bauer); *Experimentelle Untersuchungen zur Beeinflußbarkeit von stochastischen quantenphysikalischen Systemen durch den Beobachter* (1986); *Psyche und Chaos – Neue Ergebnisse der Psychokineseforschung* (1989); *Psyche und Chaos – Jugendliche im Umgang mit dem Okkulten* (1992) (zusammen mit Walter Schmidt, Hans-Dieter Mutschler und Albert Lampe); *Psyche und Chaos – Theorien der Parapsychologie* (1995); *Geister sind auch nur Menschen* (1997) (zusammen mit Manfred Poser); *Psi-Phänomene – Neue Ergebnisse der Psychokinese-Forschung* (1997); *Dimension Psi* (2003) (Herausgeber); *Ein Haus mit Fenstern aus Licht* (2004) (zusammen mit Gunter Klosinski und Inge Mamay).

PETER WAGNER,
Jahrgang 1977, arbeitet als Redakteur bei der *Süddeutschen Zeitung.*

Literatur zur Einführung in die Parapsychologie

Bauer, E., Schetsche, M. (Hrsg.): *Alltägliche Wunder. Erfahrungen mit dem Übersinnlichen – Wissenschaftliche Befunde.* ERGON-Verlag, Würzburg 2003, 2. Aufl. 2011 (Grenzüberschreitungen 1)

Bauer, E., Lucadou, W. v. (Hrsg.): *Spektrum der Parapsychologie. Hans Bender zum 75. Geburtstag.* Aurum, Freiburg 1983

Bauer, E., Lucadou, W. v. (Hrsg.): *Psi – was verbirgt sich dahinter?* Herder, Freiburg/Basel/Wien 1984 (Herder-Bücherei Band 1150)

Beloff, J. (Hrsg.): *Neue Wege der Parapsychologie.* Walter Verlag, Olten 1980

Belz, M.: *Außergewöhnliche Erfahrungen.* Göttingen (u.a.). Hogrefe 2009 (Fortschritte der Psychotherapie)

Bender, H. (Hrsg.): *Parapsychologie: Entwicklung, Ergebnisse, Probleme.* Wissenschaftliche Buchgesellschaft, Darmstadt 1966, 5. Aufl. 1980

Bender, H.: *Umgang mit dem Okkulten.* Aurum, Freiburg 1984

Bender, H.: *Unser sechster Sinn.* Deutsche Verlagsanstalt, Stuttgart 1971

Condrau, G. (Hrsg.): *Die Psychologie des 20. Jahrhunderts, Band XV: Transzendenz, Imagination und Kreativität.* Kindler, München 1979 (Neuausgabe unter dem Titel: *Die Psychologie der Kultur,* Band 2. Beltz, Basel/Weinheim 1982)

Driesch, H.: *Parapsychologie. Die Wissenschaft von den okkulten Erscheinungen.* Rascher Verlag, Zürich 1952

Eberlein, G. L. (Hrsg.): *Schulwissenschaft, Parawissenschaft, Pseudowissenschaft.* S. Hirzel Wissenschaftliche Verlagsgesellschaft, Stuttgart 1991

Hergovich, A.: *Der Glaube an Psi. Die Psychologie paranormaler Überzeugungen.* Bern: Hans Huber 2001

Jahn, R. G., Dunne, B. J.: *An den Rändern des Realen.* Zweitausendeins, Frankfurt a.M. 1999

Jung, C. G., Pauli, W.: *Naturerklärung und Psyche.* Rascher Verlag, Zürich 1952

Kammerer, P.: *Das Gesetz der Serie. Eine Lehre von den Wiederholungen im Lebens- und Weltgeschehen.* Mit 8 Tafeln und 26 Abb. Deutsche Verlags-Anstalt, Stuttgart/Berlin 1919

Kohls, N.: *Außergewöhnliche Erfahrungen – Blinder Fleck der Psychologie?* LIT, Münster 2004, 2. Aufl. 2010 (Psychologie des Bewusstseins 2)

Lucadou, W. v.: *Experimentelle Untersuchungen zur Beeinflußbarkeit von stochastischen quantenphysikalischen Systemen durch den Beobachter.* H.-A. Herchen, Frankfurt 1986 (zu beziehen durch WGFP, Hildastraße 64, D-79102 Freiburg i. Br.)

Lucadou, W. v.: *Psi-Phänomene – Neue Ergebnisse der Psychokineseforschung.* Insel, Frankfurt 1997

Lucadou, W. v., Poser, M.: *Geister sind auch nur Menschen.* Herder, Freiburg i. Br. 1997 (Herder Spektrum 4562) (Restexemplare zu beziehen durch WGFP, Hildastraße 64, D-79102 Freiburg i. Br.)

Lucadou, W. v. (Hrsg.): *Dimension Psi.* List, München 2003

Lutzius, F.: *Psi – Paradiesvogel der Wissenschaft.* Populär Verlag, Essen 1998

Moser, F.: *Spuk. Ein Rätsel der Menschheit.* Walter Verlag, Olten 1977 (Nachdruck des Werkes: *Spuk – Irrglaube oder Wahrglaube.* Gyr, Baden bei Zürich 1950) (mit Artikel von H. Bender zur neueren Entwicklung der Spukforschung)

Müller, K. E.: *Der sechste Sinn. Ethnologische Studien zu Phänomenen der außersinnlichen Wahrnehmung.* Transcript, Bielefeld 2004

Müller, K. E.: *Die gespenstische Ordnung. Psi im Getriebe der Wissenschaft.* Lembeck, Frankfurt a.M. 2002

Popper, K., Eccles, J.: *The Self and its Brain.* Springer International, New York 1977

Resch, A. (Hrsg.): *Aspekte der Paranormologie: Die Welt des Außergewöhnlichen.* Resch Verlag, Innsbruck 1992

Risso, M., Böker, W.: *Verhexungswahn.* S. Karger, Basel 1964

Roll, W. G.: *Der Poltergeist.* Aurum, Freiburg i. Br. 1976

Roth, G., Schwengler, H. (ed.): *Self-organizing Systems.* Campus Verlag, Frankfurt 1981

Schmidt, S.: *Außergewöhnliche Kommunikation?* Bibliotheks- und Informationssystem (bis) der Universität Oldenburg, Oldenburg 2002 (Transpersonale Studien 6)

Serwaty, A., Nicolay, J. (Hrsg.): *Begegnung mit Verstorbenen? – Beiträge aus Wissenschaft und Therapie zu einem tabubesetzten Thema.* Santiago Verlag, Goch 2011

Sheldrake, R.: *Der siebte Sinn des Menschen.* Scherz, Bern 2003

Targ, R., Puthoff, H.: *Jeder hat den 6. Sinn.* Kiepenheuer & Witsch, Köln 1977

Tart, C. T.: *Das Übersinnliche.* Klett-Cotta, Stuttgart 1986

Thurston, H.: *Poltergeister.* Räber, Luzern 1955

Wiesendanger, H.: *Die Jagd nach Psi.* Aurum, Freiburg 1989

Zahradnik, F.: *Irritation der Wirklichkeit. Eine qualitative und quantitative Analyse der Briefsammlung der Parapsychologischen Beratungsstelle in Freiburg.* LIT, Hamburg 2007 (Psychologie des Bewusstseins 8)

Zeitschrift für Anomalistik (Sandhausen, 1.2001 ff.)

Zeitschrift für Parapsychologie und Grenzgebiete der Psychologie (Freiburg, 1.1957 ff.) (Anfragen und Abonnementsbestellungen bei WGFP, Hildastraße 64, D-79102 Freiburg i. Br., Telefon und FAX: 0761-77202)